Willigis Jäger

Aufbruch in ein neues Land

HERDER spektrum
Band 5381

Das Buch

Was bleibt, wenn die Katechismusantworten der Kindertage auf die Sinnfragen des Lebens nicht mehr befriedigen? Kann der Mensch in einem modernen Weltverständnis, angesichts heutiger Naturwissenschaft noch religiös sein? Willigis Jäger zeigt, dass er es desto besser kann, wenn er sich den Fragen stellt, statt ihnen auszuweichen. Auf dem mystischen Weg der Erfahrung, der mitten in das heutige Leben, mitten durch den Alltag geht, finden die bedrängenden Fragen heutiger Sinnsuchender überraschende Klärungen und Antworten. Sie reichen in die Grenzbereiche von Naturwissenschaft und Mystik, Transpersonaler Erfahrung und Religion. In diesem Buch gibt der bekannte Benediktiner und Zen-Meister Einweisung und Führung auf dem mystischen Erfahrungsweg und gibt Antworten, die überzeugen und weiter führen. Der praktische Leitfaden für alle, die nach dem mystischen Weg mitten im Alltag suchen.

Der Autor

Willigis Jäger, geb. 1925, seit 1946 Benediktiner, gilt als einer der bedeutendsten spirituellen Lehrer unserer Zeit. Als Benediktinermönch ist er tief in der mystisch-kontemplativen Tradition des abendländischen Christentums verwurzelt. Als Zen-Meister, nach zwölf Jahren Zen-Training in Kamakura, Japan, ist er den radikalen Weg der östlichen Leere gegangen. Er gründete und leitete bis 2002 das Meditationszentrums *„St. Benedikt"* in Würzburg.

Die Herausgeber

Christoph Quarch, Dr. phil, geb. 1964; von 1996 bis 2000 Redakteur der „Evangelischen Kommentare", seit 2000 Studienleiter beim Deutschen Evangelischen Kirchentag.

Cornelius v. Collande, Dipl. Geol, geb. 1952, Erster Vorstand des Vereines „Spirituelle Wege e.V. – Zen und Kontemplation" zur Unterstützung der Kurstätigkeit von Willigis Jäger, Joan Rieck und weiteren autorisierten Zen- und Kontemplationslehrern.

Willigis Jäger

Aufbruch in ein neues Land

Erfahrungen eines spirituellen Lebens

Herausgegeben von
Christoph Quarch und Cornelius von Collande

FREIBURG · BASEL · WIEN

Originalausgabe

6. Auflage 2009

© Verlag Herder GmbH, Freiburg im Breisgau 2003
Alle Rechte vorbehalten
www.herder.de

Umschlagkonzeption und -gestaltung:
R·M·E München / Roland Eschlbeck, Liana Tuchel
Umschlagmotiv: © Ralf Tooten, Tooten & Partner

Satz: Dtp-Satzservice Peter Huber, Freiburg
Herstellung: fgb · freiburger graphische betriebe
www.fgb.de

Gedruckt auf umweltfreundlichem, chlorfrei gebleichtem
Papier
Printed in Germany

ISBN 978-3-451-05381-8

Inhalt

Vorwort der Herausgeber 7

Der Weg führt auf den Marktplatz 9

Autobiographische Skizzen 11

Rundbriefe an die Schülerinnen und Schüler 21

ES ist geboren 23

Über die Praxis von Zen und Kontemplation 24

Die Osterbotschaft 26

Das Reich Gottes ist in uns 29

Tod, wo ist dein Sieg; Tod, wo ist dein Stachel? 31

Das Licht leuchtet durch uns 33

Das Fest der unbefleckten Empfängnis 36

Ihr könnt nicht sterben 38

Vollende deine Geburt! 43

Jungfräuliche Geburt 46

Sterben und Auferstehen 47

Die Welt braucht mehr Buddhas und mehr Christusse . . 51

Tänzer und Tanz 53

Christliches Selbstverständnis 55

Über den spirituellen Weg 59

Wer die Quelle kennt, trinkt nicht aus dem Krug 61

Hier- und Jetztsein 63

Bleibt wachsam 68

Zeit ist wie Ewigkeit und Ewigkeit wie Zeit 73

Die Weisheit unseres Körpers 77

Was sind wir zuinnerst? 81

Das Böse ist der Thronsitz des Guten 85

ES geht als Mensch durch die Zeit 89

Mond und Wolken sind gleich,
Berge und Täler verschieden 93

Liebet eure Feinde – der Terror in der Welt 96

Ganz Mensch sein 99

Gott offenbart sich im Schweigen 103

Das Ich – ein Instrument,
auf dem unser Wesen spielt 105

Leben kann nicht sterben 112

Der Weg geht weiter 117

Aufbruch in ein neues Land – im Konflikt mit Rom .. 119

Es ist nur Liebe – Gespräch mit Willigis Jäger 129

Anstelle eines Nachwortes:
Willigis Jäger zum 77. Geburtstag 151

Vorwort der Herausgeber

Dieses Buch fällt in eine Zeit großer Umbrüche im Leben von P. Willigis Jäger. Im Dezember 2001 wurde von der römischen Glaubenskongregation unter Vorsitz von Josef Kardinal Ratzinger ein Rede- und Auftrittsverbot gegen ihn erlassen. Schon ein Jahr vorher hatte er die Leitung des von ihm eröffneten und 17 Jahre geleiteten Seminarhauses St. Benedikt (Würzburg) an die Abtei Münsterschwarzach abgegeben. 2002 feierte der Benediktiner, über 20 Jahre nach seiner Autorisierung zum Zenmeister, sein 50-jähriges Priesterjubiläum.

Das Jahr 2002 war auch das Jahr des Aufbruchs, das Jahr der Entscheidung, doch weiter zu machen, der Kurse im „Exil", der Suche nach einer neuen Wirkungsstätte und schließlich – Ironie des Schicksals? – das Jahr, in dem Pater Willigis das neue Kurshaus, der „Benediktushof" bei Würzburg, angeboten wurde.

Das vorliegende Buch ist Bilanz und zugleich die Dokumentation des Lebensweges eines Berufenen. Eingeleitet durch autobiografische Skizzen folgen Rundbriefe, die Pater Willigis seit 1992 regelmäßig an seine immer größer werdende Schülerschaft versandte. Sie beleuchten prägnante Wegmarken zu wichtigen Themen des spirituellen Alltags. Der Leserin und dem Leser wird so ein Einblick in die Sicht des Grenzgängers Willigis Jäger gegeben – eine Sicht, die nicht aus Büchern, sondern aus der tiefen mystischen Erfahrung stammt und vielleicht gerade aus genau diesem Grund von Dogmatikern unterschiedlicher Provenienz abgelehnt wurde.

Im Schlussteil des Buches gehen wir näher auf den Konflikt mit Rom ein und dokumentieren ihn durch einige charakteristische Ausschnitte aus der großen Menge von Briefen, die uns in der Zeit danach erreichten. Im Gespräch mit Christoph Quarch nimmt Pater Willigis schließlich noch einmal Stellung zu den gegen ihn erhobenen Vorwürfen und bestimmt seinen heutigen Standpunkt. Anstelle eines Nachwortes veröffentlichen wir die Laudatio zu P. Willigis 77. Geburtstag, einem Geburtstag wie eine Wegmarke zwischen dem Vergangenen und dem Aufbruch in ein neues Land.

Dankbar sind wir allen, die mit ihrem Engagement, ihren Anregungen und großem zeitlichen Aufwand zu diesem Buch beigetragen haben.

Cornelius von Collande   Christoph Quarch

Würzburg, im Februar 2003

Der Weg
führt auf den Marktplatz

Autobiografische Skizzen[1]

Wenn ich auf mein Leben zurückschaue, stelle ich fest, dass ich lange Zeit einer Weltsicht und damit einer religiösen Überzeugung nachgelaufen bin, die ich als Mensch selbst entworfen habe, die aber nicht der Wirklichkeit entspricht. Es ist eine Weltsicht, die das menschliche Ich aufbaut. Und alles, was ich dachte und tat, unterlag dem Zwang dieser von mir selbst entworfenen oder von anderen übernommenen Konditionierungen meines Menschseins. Darüber hinaus programmierten meine Gene eine bestimmte Resonanz auf meine Umgebung. Die Umgebung wiederum brachte mir bestimmte Weisen bei, wie und was ich zu sehen habe. Man fertigte mir eine Brille an, durch die ich die Welt zu sehen hatte. Eltern, Kindergarten, Schule, Religion, Gesellschaft, Staat – sie alle trugen dazu bei, Wirklichkeit in dieser eingeschränkten Art zu begreifen. Bis ich erfahren durfte, dass mir das Ich nur einen Ausschnitt von Wirklichkeit bieten kann. Wie konnte ich die Welt einzig nur so sehen, wie es mir beigebracht wurde?

Verwundert schaue ich heute zurück auf meine angeblich so sicheren Schritte, auf die so untrüglich scheinenden Bilder und Konzepte und auf die mir mit Überzeugung beigebrachten, nunmehr fragwürdig gewordenen Fundamente. Ich benahm mich dabei nicht wie ein Schauspieler, nein, ich war fest überzeugt, mich bei all diesen Narrheiten auf sicherem Boden zu befinden. Es war wie eine angeborene Trunkenheit. Ich unterwarf mich, wie alle anderen Menschen auch, bestimmten Mustern, die ich für einzig wahr hielt. Hatte ich in meinem Studium doch die Grund-

---

[1] Nachstehender Text wurde in einer gekürzten Fassung unter dem Titel „Religion – Fenster zum Eigentlichen" bereits veröffentlicht in: Markus Schächter (Hg.): Was kommt. Was geht. Was bleibt, Freiburg i. Br. 2001, S. 269–272.

muster der aristotelischen Logik gehört und gelernt, wie eines aus dem anderen folgen muss – und das mit einer Selbstverständlichkeit, wie der Atemzug, der mich am Leben hält.

Noch heute lebe ich in diesem Modell. Es gehört zu der einen Wirklichkeit. Daher steigt niemand ganz aus. Ich lebe in meiner christlichen Religion und möchte darin auch sterben. Ich liebe ihre Rituale und ihre Bilderwelt, weiß aber auch, dass es Ausdrucksformen einer tiefer liegenden Wirklichkeit sind. Diese möchte ich neu deuten dürfen, von einer höheren Ebene her. Alle Religionen sind solche Modelle. Sie helfen uns, einen Standort für dieses Erdenleben zu finden – ein Weltbild, das eine Verständigung unter den Menschen möglich macht. Dass Religionen Modelle sind, darf ich freilich nicht überall sagen. Die Menschen würden nicht verstehen, um was es geht. Es gibt immer noch Psychologen, die jede transpersonale Erfahrung ins Pathologische einordnen.

In der Schule lernte ich mathematische Formeln, etwa den Satz des Pythagoras: „Das Quadrat über der Hypotenuse ...". Warum hat mir damals niemand erzählt, dass dieser Pythagoras ein Eingeweihter war, dass für ihn Mathematik nur ein Tor ins Eigentliche darstellte? Dabei hatte ich doch bereits als Kind eine Ahnung von dem bekommen, was Wirklichkeit wohl sein mag. Es war in meiner Heimatkirche. Meine Mutter hatte mich mitgenommen. Wahrscheinlich besuchte ich noch nicht die Schule. Die Kirche war fast leer. Aber vorne am Alter brannten viele Kerzen. Weihrauchschwaden zogen durch die Luft. Es war „Ewige Anbetung". Das Allerheiligste war ausgesetzt und eine feierliche Stimmung breitete sich aus. Irgendwo im hinteren Teil der Kirche leierten einige Frauen den Rosenkranz. Diese monotonen Stimmen und die Atmosphäre des Raumes hoben mich aus dem Tagesbewusstsein heraus in eine Ebene, die alle Dinge in einem anderen Licht erscheinen ließ: wirklicher und doch der normalen Wirklichkeit entfremdet. Ich wusste damals, soweit das ein Sechsjähriger wissen kann: Was wirklich ist, erfährt man in einem anderen Zustand. Aber zu wem sollte ich davon sprechen? Auch fehlten mir die Worte. Für das, was ich erlebt hatte, besitzt ein Kind keine Sprache. Es gibt Erlebnisse, über die man nicht reden kann. Sie sind zu anders, sie passen nicht in unseren Alltags-Wortschatz.

Mystische Sprache wurde oft mit einem Tabu belegt. Tabu ist ursprünglich ein polynesisches Wort für das Heilige, für heilige Gegenstände und Orte, die nicht jedermann zugänglich sind. Ähnlich wie in der Arkandisziplin der Mysterienreligionen dürfen Erkenntnisse und Orte, die nur Eingeweihten zur Verfügung stehen, nicht ausgesprochen beziehungsweise nicht betreten werden. Eine Verletzung könnte Heilsverlust oder auch physische Folgen nach sich ziehen. Man schweigt besser über bestimmte Erfahrungen. Ausgesprochen rufen sie bei anderen Entsetzen hervor – oder den Verdacht, man sei übergeschnappt.

So erging es zum Beispiel Sigmund Freud mit seinem in Indien lebenden Freund Romain Rolland, der ihm von einer mystischen Erfahrung schrieb. Freud konnte damit überhaupt nichts anfangen. Für ihn war so etwas wie mystische Erfahrung tabu. Er hatte in seinem wissenschaftlichen System keinen Platz, in den er das Transpersonale einordnen konnte. Freud meinte damals, er habe in sich hineingeschaut, aber nichts gefunden, was dem ähnlich sei, was sein Freund berichtete[2]. So wie Freud geht es noch heute den meisten Menschen, wenn sie von den mystischen Erfahrungen anderer erfahren: Sie können sie in ihrem Horizont nicht einordnen und erklären sie deshalb für unseriös, unwissenschaftlich oder gar krankhaft.

Für C. G. Jung war das anders. Nüchtern stellte er einmal fest: „Religiöse Erfahrung ist absolut. Man kann darüber nicht diskutieren. Man kann nur sagen, dass man niemals eine solche Erfahrung gehabt habe, und der Gegner wird sagen: ‚Ich bedaure, aber ich hatte sie.' Und damit wird die Diskussion zu Ende sein. Es ist gleichgültig, was die Welt über die religiöse Erfahrung denkt; derjenige, der sie hat, besitzt den großen Schatz einer Sache, die ihm zu einer Quelle von Leben, Sinn und Schönheit

---

[2] Sigmund Freud: Das Unbehagen in der Kultur, in: Ders.: Abriss der Psychoanalyse/Das Unbehagen in der Kultur, Frankfurt/M. 1953, S. 65.

wurde und die der Welt und der Menschheit einen neuen Glanz gegeben hat."[3]

In der Nazizeit blieb ich mit meinen mystischen Erfahungen ziemlich allein. Nazis konnten mit einem solchen Erlebnis nichts anfangen. Als ich meine Zeit im Arbeitsdienst absolvierte, bekam ich drei Tage Sonderurlaub, weil ich bei einem 10 000-Meterlauf als Erster durchs Ziel gelaufen war. Ich wurde der Lagerleitung vorgestellt. Man fragte mich nach meinen Berufswünschen. Als ich antwortete, ich wolle Theologie studieren, muss das mein Gegenüber wie einen Schlag getroffen haben. Wortlos ging er zum Nächsten. Von dieser Stunde an wurde ich, anders als meine Kameraden, nicht mehr befördert.

Ich trat ins Kloster ein. Ich erwartete, dass mir dort wieder dieses Ganz-Andere begegnen würde. Ich las die christlichen Mystiker: Johannes vom Kreuz, Teresa von Avila, die „Wolke des Nichtwissens" und folgte ihren Anleitungen zum kontemplativen Gebet. Und es widerfuhr mir wieder. Das Ganz-Andere, das Wirkliche, erfüllte mich mit Schauder. Aber warum hörte ich davon nichts in den Unterweisungen, die einem Novizen zuteil wurden? Warum hörte ich immer nur von Regel, Observanz, Liturgie und Psalmengebet? Nicht dass ich nicht auch das geschätzt hätte, aber das konnte doch nur Mittel zum Zweck sein. Das alles sollte doch wohl ins Eigentlich führen. Aber warum sprach dann niemand vom stillen Verweilen im Jetzt der Gegenwart Gottes? Benedikt wusste offensichtlich darum. Er riet, nach dem Psalmengebet noch eine Zeit lang in der Stille zu verweilen. „Vacare Deo" – Zeit haben für Gott – riet er seinen Mönchen, und „habitare secum" – bei sich wohnen, bei sich bleiben. Dazu fällt mir immer wieder Rumi ein, der einmal gesagt haben soll: „Ich bin doch da. Du schreibst mir Liebesbriefe. Ich bin doch da, spricht Gott, warum liest du mir etwas aus deinem Gebetbuch

---

[3] C. G. Jung: Zur Psychologie westlicher und östlicher Religion, Band II, Olten 1971, S. 116.

vor? Ich bin doch da." Warum läufst du mit deinen Gedanken, Bitten und Lobeshymnen ständig davon?

Ludwig Blosius, ein in Frankreich lebender Benediktiner des 14. Jahrhunderts, schrieb: „Wenn du sagst, diese Vollkommenheit (Kontemplation) ist für mich zu hoch ..., so antworte ich dir: Dann bist du kein Mönch." Es kam für mich die Stunde der ewigen Gelübde. Nach vier Jahren Probezeit wollte ich mich an die Gemeinschaft binden. Die Gemeinschaft zweifelte an meiner Berufung. „Du liest zu viel Mystiker", sagte man mir. Erstaunt fragte ich: Woher wisst Ihr das? Denn ich hatte noch nicht einmal meinem Beichtvater von meinem Gebetsweg gesprochen. „Wir haben die Ausleihkarten in der Bibliothek gesehen", war die Antwort. Dort hatte ich mir die Bücher geliehen, die man anscheinend nicht lesen durfte. In dieser Weise an das Heilige zu rühren, stand einem Novizen nicht zu. Nur Auserwählte, von Gott bevorzugte, durften sich mit Mystik befassen. Am Ende aber durfte ich bleiben. Und das Kloster wurde und blieb meine Heimat.

Gott auf dem Fußballplatz. Als Kleriker hatte ich noch ein entscheidendes Erlebnis. Ich liebte die kleine so genannte „Abtskapelle" im Kloster. Man konnte dort in Ruhe verweilen. Sie war tagsüber so gut wie leer und hatte eine sammelnde Kraft. Einmal trat ich ein und wurde sofort in einen anderen Bewusstseinszustand gehoben. Die Beschreibung eines solchen Zustandes ist immer schwierig. Erfüllend, beglückend, Präsenz einer anderen Wirklichkeit und doch auch wieder ganz normal: ES kniet, ES steht, ES hebt den Kopf, ES breitet die Arme aus. Alles ist aufgehoben in dieser Einheit und Schlichtheit. Ich kann es auch „Gott" nennen, aber es ist nicht der Gott irgendwo, es ist diese absolute, zeitlose und raumlose Präsenz, die aller Namen und Vorstellungen spottet. Wie lange dieser Zustand dauerte, weiß ich nicht. Doch plötzlich fiel mir ein, dass ich ja eigentlich auf dem Weg zum Fußballplatz war und nur weil ich noch ein paar Minuten Zeit hatte, kurz die Kapelle aufgesucht hatte. Auf dem Fußballplatz wartete meine Mannschaft. Sie war auf mich angewiesen, denn ich war ein guter Sportler und Fußballspieler. Noch vollkommen beeindruckt vom Geschehen in der Kapelle spielte ich Fußball. Aber nicht ich spielte. ES kämpfte um den Ball, ES schoss, ES rannte mit einer Leichtigkeit, die ich vorher nicht gekannt hatte.

Später fragte ich mich, wo eigentlich der Unterschied zwischen dem Erleben in der Kapelle und dem Erlebnis auf dem Sportplatz liegt? War denn das Psalmengebet etwas anderes als Fußballspielen? Im Chor war es manchmal ähnlich wie auf dem Fußballplatz. ES sang und rezitierte. Die Bedeutung der Worte war nicht wichtig. Was konnten sie schon neben dem Erlebnis des Einen noch bringen? Eckehart fiel mir ein: „Wenn einer wähnt, in Innerlichkeit, Andacht, süßer Verzücktheit und in besonderer Begnadung Gottes mehr zu bekommen als beim Herdfeuer oder im Stalle, so tust du nicht anders, als ob du Gott nähmest, wändest ihm einen Mantel um das Haupt und schöbest ihn unter eine Bank. Denn wer Gott in einer (bestimmten) *Weise* sucht, der nimmt die Weise und verfehlt Gott, der in der Weise verborgen ist."[4]

Erste Kontakte mit Zen. Die Abtei schickte mich auf Anfrage als Referenten in die Zentrale des Bundes der Deutschen Katholischen Jugend (BDKJ) nach Düsseldorf. Das brachte mich in Verbindung mit den kirchlichen Werken Missio und Misereor. Es begann ein unstetes Leben mit vielen Reisen. Aber es schenkte mir bei einem Aufenthalt in Japan auch die Begegnung mit Zen. Ich spürte sogleich, dass ich dort etwas gefunden hatte, was meiner innersten Sehnsucht entsprach. Was ich in Japan hörte, las und in den Zen-Tempeln sah, weckte in mir die alte Sehnsucht nach Erfahrung. Da waren Klöster und darin Menschen, die offensichtlich nichts anderes taten, als diese eigentliche Welt, die man fälschlicherweise „transzendent" nennt, zu erfahren und zu

---

[4] Meister Eckehart wird hier und im Folgenden zitiert nach: Meister Eckehart: Deutsche Predigten und Traktate, hg. von Joseph Quint, München 1979, Predigt 6, S. 180.

erforschen. Als ein buddhistischer Zenmeister nach München kam, wo ich zu dieser Zeit wohnte, bewarb ich mich für einen Kurs, ein „Sesshin", wie das in der Sprache dieser Leute hieß. Sesshin: drei Tage ruhiges Sitzen; drei Tage Anleitungen, wie man neue Bewusstseinsräume erschließt; drei Tage kontemplative Praxis, wie ich sie mir schon immer gewünscht hatte – hier fand ich sie. War ich nicht aus diesem Grund ins Kloster eingetreten? Hier war eine lebendige Tradition von Meister und Schüler. Hier hörte ich von Dingen, die nicht in einem Buch standen. Ich fand einen Weg und folgte ihm konsequent. Als meine Gemeinschaft in Japan ein neues Kloster gründete, meldete ich mich zur Mitarbeit.

Dies wurde mir erlaubt, und siehe da, das neue Haus stand in der Stadt des Meisters, den ich in München kennen gelernt hatte. Jeden Tag ging ich in den kleinen Tempel zum Zazen und zum Gespräch mit dem Meister. Der Großzügigkeit meiner Gemeinschaft sei von Herzen Dank. Sie ließ mich sogar bei diesem buddhistischen Tempel zurückbleiben, als sie den Ort wechselte. Tag für Tag unterwarf ich mich viele Stunden dem ruhigen Sitzen, machte viele Sesshin, verbrachte ein halbes Jahr in einer buddhistischen Einsiedelei, um meine Erfahrungen zu vertiefen. Nach zwölf Jahren, sechs davon in Japan, erhielt ich eine Lehrerlaubnis.

Als Zen-Lehrer. Kann ein christlicher Ordensmann und Priester Zazen lehren? Für viele war das unmöglich. Das widersprach ihrer Ansicht nach den Grundprinzipien des christlichen Glaubens. In den Grundprinzipien der Spiritualität hingegen fand ich keinen wesentlichen Unterschied zwischen Zen und Mystik. Es geht in den spirituellen Wegen nicht um eine Konfession, nicht um Theologie, sondern um die Erfahrung einer Wirklichkeit, die hinter jeder Begrifflichkeit zu finden ist und die nur Eine sein kann. Die Grundstruktur der Wege, die Zurücknahme des Ich, um die Non-Dualität, die Unio Mystica zu erfahren, findet sich in Ost und West in gleicher Form. Wieder in Europa, studierte ich die Texte von Nikolaus von Kues und Meister Eckehart und fand kaum einen Unterschied zwischen ihren Aussagen und den Aussagen der Zenmeister. Das Vokabular ist verschieden, aber die Wegbeschreibungen sind sich sehr ähnlich. Der Gipfel des Berges, der erreicht werden soll, kann nur einer sein, auch wenn man von verschiedenen Seiten aufsteigt.

Und so führe ich heute Menschen, gleich welcher Konfession, durch die verschlungenen Pfade des ICH in den transpersonalen Raum, der genau so zu unserem menschlichen Bewusstsein gehört wie der personale. Der Weg führt über das Bekenntnis hinaus. Konfessionen sind festgeschriebene Erfahrung. Diese Erfahrung kann ich in mein heutiges Weltbild und in eine zeitgemäße Interpretation der Konfession einfließen lassen. Aus dieser Erfahrung heraus begann ich den Versuch, die alten Glaubenswahrheiten und die Heilige Schrift für die Menschen von heute zu deuten. Astrophysik, Genforschung, Molekularbiologie, Entwicklungslehre, Geologie lieferten mir dabei ein ganz anderes Weltbild ins Haus als das der Väter, die den christlichen Glauben formuliert hatten. Sie stießen mich geradezu in eine neue Anthropologie. Ich begriff: Meine Individualität ist ein kostbarer Schatz, gleichzeitig aber auch eine Einschränkung. Der Mensch ist nicht ganz ohne diesen transpersonalen Bewusstseinsraum, der zu seinem Wesen gehört. Nur von dort her machen sechzig, siebzig, achtzig Jahre auf diesem absolut unbedeutenden Staubkorn am Rande des Weltalls Sinn.

Es ist schwierig, einem anderen klar zu machen, was ich immer wieder erfahren habe: dass unsere wahre Existenz und wirkliche Identität viel umfassender sind als unser kleines Ich-Bewusstsein und dass dieses ‚Ich' nur ein Organisationszentrum ist für ein viel größeres Bewusstsein. Man erwacht plötzlich und findet sich mitten unter anderen Menschen in einer anderen Welt, in einer viel klareren und bedeutsameren Welt. Dinge und Menschen haben sich nicht geändert und sind doch anders. Die Erfahrung ist manchmal kurz, manchmal länger. Sie geht und kommt, aber sie hinterlässt eine tiefe Gewissheit: Leben ist mehr als Denken. Denken ist eine kostbare Gabe, aber sie grenzt auch ein.

Aufbruch in ein neues Land. So reifte in mir die Einsicht, dass die Zukunft der Religion in einer erfahrungsgesättigten Metaphysik liegen wird. Religion kann so viel mehr sein als das, was zahlreiche Menschen in unseren Kirchen erleben und was sie abschreckt. Religionen werden leicht zum Mausoleum, wenn das EINE nur in traditionellen Begriffen beschrieben werden darf und nur in Dogmen gepresst erscheinen kann. Die Zukunft der Religion liegt in der Metaphysik, aber nicht in einer Metaphysik der Philosophen und Theologen, sondern in einer Metaphysik der Erfahrung. Dann wird Fußballspielen und Arbeiten im Haushalt – dann wird das ganz normale Leben zur Religion. Religion ist unser Leben und das Leben, recht gelebt, ist Religion. Der Mensch besteht aus personal und transpersonal. Oder, um in meinem christlichen Sprachgebrauch zu bleiben: Er ist Gott-Mensch. Die institutionalisierte Religion hat Angst, weil am Schluss von Worten, Bildern und Lehrsätzen nichts bleibt. „Ich trat ein und wusst' nicht wo, und ich blieb auch ohne Wissen, alles Wissen übersteigend" (Johannes v. Kreuz). Worte, Sätze, Zahlen, Bilder erscheinen ohne Sinn, drücken ES aber aus. Das Bellen des Hundes ist, aber da ist kein Hund. Ich bin, aber ich bin auch nicht. Dimensionen zerfallen in der Unendlichkeit. Die Welt ist zu nichts geworden und ist doch alles. Von diesem Standort aus möchte ich Jesus Christus und seine Lehre interpretieren dürfen. Jesus war ein Mystiker, der immer in der Einheit mit dem stand, was er Vater genannt hat. Daraus lebte und predigte er.

Als ich mit meinen Schulkameradinnen und Schulkameraden meinen 75. Geburtstag feierte, kamen wir auf unseren Katechismus zu sprechen, den wir 1931, im Jahr unserer Einschulung, erhielten. Ich fragte sie: „Wisst ihr noch, wie die erste Frage im Katechismus heißt?" Fast alle wussten es noch: „Warum sind wir auf Erden?" „Wisst ihr auch noch die Antwort", fragte ich. Fast alle wussten auch noch die Antwort: „Wir sind auf Erden, dass wir den Willen Gottes tun und dadurch in den Himmel kommen." Heute würde ich anders antworten: Was wir Gott nennen, möchte in mir Mensch sein, so wie er im Baum Baum sein möchte und im Tier Tier. Aber Mensch sein bedeutet, alle Ebenen zu erschließen und zu leben, auch die transpersonalen und transmentalen. Das scheint mir der Sinn der Religion zu sein. Denn Religionen sind wie Glasfenster, die uns etwas sagen über das Licht dahinter: Es gilt, das Licht zu erfahren, das hinter den Glasfenstern liegt und es ins Leben zu integrieren. „Das Ziel ist der Marktplatz", sagt Zen, und ich wage zu ergänzen: Jede echte Mystik führt mitten ins Leben – oder sie ist Regression.

Rundbriefe
an die Schülerinnen und Schüler
(1992–2003)

ES ist geboren
(Sommer 1992)

Jami, ein Sufimystiker, sagt in einem Gedicht: „Wer die Stadt der Liebe betritt, findet dort nur Raum für Einen." Dort gibt es das Wort „Ich" nicht. Dort gibt es nur das Wort „Wir", besser noch, das Wort „Eins". Sich getrennt von allem zu erleben ist der Zoll, den wir für unsere Menschwerdung, das Auftauchen aus einem symbiotischen Vorbewusstsein, zu bezahlen haben. Wir wissen noch nicht, wie wir mit dieser Gabe „Ich" umzugehen haben. Sie hat uns in die Isolation geschleudert. Wir bauen Zäune, sagen „mein", verteidigen unseren Besitz oder wollen den anderen etwas wegnehmen. Wir wissen noch nicht, wie man sich als Gemeinschaft fühlt und wie man als Gemeinschaft lebt. Es ist das große Problem des Einzelnen, aber auch der Stämme und der Völker.

Wer in die Dimension des Göttlichen (als Christen sagen wir „Reich Gottes") eintreten will, muss eine Grenzüberschreitung vornehmen. Er muss heraus aus der Ich-Isolation. Er tritt in einen Bereich ein, der noch nicht aufgespalten ist in Geist – Materie, Licht – Dunkel, gut – böse, Heil – Unheil. Was wir „Person" nennen, ist eine falsche Person. Unsere „zeitlose Person" erfahren wir, wenn diese „Person auf Zeit" zurücktritt. Diese „Person auf Zeit" lebt von der Abspaltung. Aber schon die Quantenphysik sagt uns, dass es Isolierung nicht gibt, dass alles fließt und nur das Kommen und Gehen Realität ist. „In der Quantenphysik interagiert der Beobachter so sehr mit dem System, dass man sich die interagierenden Partikel nicht als von separater Existenz vorstellen kann" (Nils Bohr). In der Sprache der Spiritualität heißt das: „Wer die Stadt der Liebe betritt, findet dort nur Raum für Einen." Dort wechselt meine Identität zur einzigartigen ersten Person Singular über, die niemand anderes als diese Urwirklichkeit Gott selber ist. Das kann sich unser Verstand nicht vorstellen, daher enthält man sich am besten jeder Diskussion.

Unsere Gesellschaft hat uns zerstörerische Grundhaltungen beigebracht: Mein und Dein, Besitz, gewaltsames Verteidigen, rücksichtsloses Erobern, Anhäufen und Absichern. Wer Mitglied dieser Gesellschaft werden will, wird aus der wirklichen Sicht der Welt, wie sie kleinen Kindern noch eigen ist, herausgerissen. Jesus sagte, dass wir wieder wie die Kinder werden müssen, wenn wir ins Reich Gottes eintreten wollen. Wir leben in der Täuschung, dass wir mit diesem Ich-Bewusstsein in einer stabilen Welt leben. Wir meinen, im Ich sei Sicherheit. Aber tief in uns ahnen wir, dass es keine Sicherheit gibt, und darum plagt uns die Angst, und wir suchen verzweifelt Halt in Besitz, Macht und Eingrenzung.

Bereits unsere Sprache drückt diese Entfremdung vom Einen aus. Wir gebrauchen trügerische Worte. Wir sagen: „Ich bin geboren." In Wirklichkeit müssten wir sagen: „ES ist geboren." Es ist nicht unser Leben, das wir leben, sondern Gottes Leben.

Das führt zur Erkenntnis, die Shakyamuni Buddha bei seiner Erleuchtung hatte: „Ich bin der Einzige im Himmel und auf Erden." Gleichzeitig erkannte er, dass alle diese Wesensnatur haben, dass jeder das sagen kann. Jeder kann mit Shakyamuni ausrufen: „Ich bin der Einzige." (Vielleicht sagen wir im Deutschen besser: „Ich bin das Einzige.") Und jeder kann mit Jesus sprechen: „Ich und der Vater sind eins." Wir sind nur das Überfließen Gottes. Das, was überfließt, unterscheidet sich nicht von dem, was drinnen ist. „Sein Gebären ist (zugleich) sein Innebleiben, und sein Innebleiben ist sein Ausgebären. Es bleibt immer das Eine, das in sich selber quillt. Ego, das Wort Ich, ist niemandem eigen als Gott allein in seiner Einheit" (Predigt 31, S. 302).

Über die Praxis von Zen und Kontemplation
(Herbst 1993)

Immer wieder werde ich nach dem Unterschied von Kontemplation und Zen gefragt. In diesem Brief möchte ich eine Antwort versuchen.

Jede Religion hat heilige Schriften, Rituale und Gebote. Sie sollen dem Menschen helfen, das zu finden, was mit Gott, Gottheit, Wesensnatur, Sunyata und so weiter bezeichnet wird. Schriften und Rituale können immer nur auf Gott deuten. Sie sprechen den Verstand an. Der Verstand aber ist ein unvollkommenes Instrument, um Gott zu erfahren. Er kann Gott nur wissen. Wer Gott erfahren will, muss Bücher, Rituale und alles mentale Begreifen übersteigen. Darum suchten alle Religionen Wege, die in die Erfahrung der letzten Wirklichkeit führen. Im Buddhismus entwickelten sich Zen, Vipassana und die tibetischen Wege. Bei den Hindus entstanden die verschiedenen Formen des Yoga. Im Islam entfaltete sich der Sufismus, im Judentum die Kabbala und im Christentum die Kontemplation. Es sind das spirituelle Wege, die in die Erfahrung dessen führen sollen, was die Heiligen Schriften und Gebote der verschiedenen Religionen lehren.

Kontemplation ist der christliche Weg. Sie wird in den Schriften der Mystiker gelehrt, angefangen von den Wüstenvätern über Bonaventura, Eckehart, Johannes vom Kreuz, Teresa von Avila bis zu Tersteegen und von Madame Guyon bis zu den Vätern der Ostkirche, um nur einige der wichtigen Mystikerinnen und Mystiker zu nennen. Sie kannten alle das lange ruhige Sitzen (vielfach auf einem Schemel), das Wiederholen von Lauten und Worten und das Verweilen in der Gegenwart Gottes als Übungsweg.

Das Zen, wie es unsere Schule praktiziert, hat bestimmte buddhistische Sutren, Koans und eine persönliche Führung und Unterweisung im Dokusan als Grundlage. Seine heutige Form bekam es im China vom 7. bis 10. Jahrhundert. Es wurde dort stark vom Taoismus mitgeprägt. Der philosophische Taoismus ist keine Religion mit Lehrsätzen und Ritualen. Auch der Zen-Weg folgt daher keiner Konfession, auch nicht einer buddhistischen, wenn er auch vom Buddhismus überliefert worden ist. Er führt konsequenter als andere Wege über ein Begreifen im mentalen Bewusstseinsraum hinaus in eine Erfahrung, die Zen „Sosein" nennt.

Eine gewisse Grundstruktur ist allen esoterischen Wegen gemeinsam: langes Sitzen, gesammeltes Gehen, ein Laut, ein Wort oder ein Mantra als Sammlungshilfe. Auch die christlichen Mönche der Tebais und Skytis saßen oft bis zu zehn Stunden am Tag auf einem Schemel oder einem Papyrusbündel und verrichteten einfache Körperarbeiten, in denen sie die Übung der Sammlung praktizierten. Man soll sich für einen Weg entscheiden und möglichst dabei bleiben.

Auch das Ziel ist allen esoterischen Wegen gemeinsam: Sie wollen in die Erfahrung der Urwirklichkeit führen, die je nach Religion Gottheit, das Numinose, das Absolute, die Wesensnatur genannt wird. Die transmentalen Erfahrensräume zählen zur Grundbegabung unserer menschlichen Existenz, wenn auch viele Menschen davon nichts wissen.

Die Osterbotschaft
(Ostern 1994)

In diesen Tagen begann eine religiöse Woche mit einer Predigt, in der empfohlen wurde, sein Leben zu leben unter den Augen des rächenden, strafenden ... und auch liebenden Gottes. Ich weiß nicht, wie die nächsten Predigten weitergingen. Aber sicher brachte der Prediger dann den Erlöser, der den sündigen Menschen mit dem „beleidigten Gott" aussöhnen muss, damit er mit Jesus auferstehen und in den Himmel kommen kann. – Nach der Predigt sprachen Eltern von ihrer Angst, dass ihren Kindern auch im Religionsunterricht ein solches Gottesbild vermittelt werden könnte. Die Angst vor dieser Chimäre Gott hatte in ihnen tiefe Neurosen verursacht, die sie ihren Kindern lieber erspart haben möchten.

An Ostern nun geht es nicht um einen rächenden Gott, es wird uns die Auferstehung Jesu ins Bewusstsein gerufen. Es geschieht in Bildern, die uns Jesus leibhaftig vorstellen, als ob es eine Begegnung mit einem anfassbaren Gegenüber gewesen wäre. Jesus isst, er lässt Thomas die Hand in die Seite legen, er spricht mit Maria von Magdala und so weiter. Aber es war wohl vielmehr eine innere Erfahrung, die die Jünger machten. „Da gingen ihnen die Augen auf", heißt es in der Schrift. Das griechische Wort „ophte" (offenbaren, 1. Kor 15,5) deutet an, dass Jesus nicht einfach von den Jüngern gesehen wurde. Er wurde ihnen offenbart, kundgetan. Das leere Grab, der Engel, der Gang nach Emmaus sind nur Ausdrucksformen für diese innere Erfahrung.

Es geht also nicht um magische, parapsychische, mirakulöse Erfahrungen, sondern um eine innere Gewissheit. Auferstehung ist eine Erfahrung der Jünger, dass dieses Leben nicht alles ist, dass so wie dieser Jesus in eine neue Existenz gegangen ist, auch sie in eine neue Existenz gehen werden. Leben kann nicht sterben. Es wird weitergehen. Dabei spielt diese Ich-Struktur nur eine untergeordnete Rolle. Sie kann sterben. Was weitergeht, ist das Leben selber, das sich wieder eine neue Form kreiert.

Ostern war ein Ereignis, das in den Jüngern stattfand. Beweise für die Auferstehung gibt es nicht. Auferstehung beschreibt kein Erleben, das in Kategorien von Raum und Zeit einzuordnen ist. Wer die Auferstehung aus der Ebene der Symbolik entlässt und sie ins Historische drängt, missversteht die Botschaft. Die Osterbotschaft wurde von Menschen erlebt, die wie viele andere die Grenze zwischen Tod und Leben in der Erfahrung überschritten hatten. Sie zeigt sich in vielen mystischen Erlebnissen. „Auferstehung" ist nur ein anderes Wort für Himmel, ewiges Leben, Sunyata, das Absolute. Es geht immer nur darum, dieses Ewige Leben zu erfahren, ganz gleich in welcher Form dieses Leben nach dem Tod auftaucht.

Religion ist ein Modell, an dem wir Menschen versuchen, uns selber und die Welt zu begreifen und miteinander in den vorgegebenen Bildern und Worten zu kommunizieren. Jesus ist der Typus, an dem wir erkennen können, wer wir sind. Wir Menschen schaffen vom ersten Augenblick unseres Daseins an Muster, nach denen wir uns selber und die Welt um uns deuten. „Konditionierungen" nennt das die Psychologie. Alles, was wir sagen oder uns vorstellen, sind nur Analogien. Das heißt: Die Muster und Modelle sind nicht die Wirklichkeit, sie stehen für etwas, was sich eigentlich nicht benennen lässt. Sie haben daher nur relative Bedeutung. Man kann Wirklichkeit auch unter ganz anderen Mustern, Bildern und Modellen erfassen. Aber es ist sehr schwer, aus der anerzogenen Sicht der Welt auszusteigen. Wenn der Mensch die Eingrenzung seines Ich-Bewusstseins überschreitet, kommt er in einen Erfahrungsraum, dem er viele Namen gegeben hat. Diese Namen benennen alle das Gleiche, nämlich: Es gibt keinen Tod, Sterben ist die große Verwandlung in eine neue Existenz.

Sollte man heute Reste von den Gebeinen Jesu finden und nachweisen können, dass er im Grab verwest ist, was wahrscheinlich ist, würde das an meinem Glauben an Jesus Christus nichts ändern. Die Erfahrung der Auferstehung hat mit seinen Gebeinen nichts zu tun. Es ist eine Erfahrung, die jeder Mensch machen kann. Es ist die Erfahrung, dass das tiefste Wesen des Menschen göttlich ist und daher nicht sterben kann.

Wir feiern an Ostern Tod und Auferstehung Jesu und wir feiern in diesem Mysterium unseren eigenen Tod und unsere eigene Auferstehung. Wir feiern hier, was wir zutiefst sind: Auferstandene, auch wenn es noch nicht offenbar geworden ist. Rose Ausländer drückt das mit folgenden Versen aus:

„Wir sind die Auferstandenen, die ihren Tod überwunden haben, das Leben liebkosen, sich anvertrauen dem Wind. Kein Engel verrät ihre Spur." – „Vor seiner Geburt war Jesus auferstanden. Sterben gilt nicht für Gott und seine Kinder. Wir Auferstandene vor unserer Geburt."

Was von Jesus gesagt ist, ist von uns gesagt, nicht mehr und nicht weniger. Mit Eckehart möchte ich daher schließen: „Wer diese Rede nicht versteht, der bekümmere sein Herz nicht damit. Denn, solange der Mensch dieser Wahrheit nicht gleicht, solange wird er diese Rede nicht verstehen; denn dies ist eine unverhüllte Wahrheit, die da gekommen ist aus dem Herzen Gottes unmittelbar" (Predigt 32, S. 309). Es drängt mich einfach zu sagen, wie ich mein Christentum verstehe. Und darum verstehe ich Eckehart sehr gut, wenn es ihn zu sagen drängt: „Wer diese Predigt nicht verstanden hat, dem vergönne ich sie wohl. Wäre hier niemand gewesen, ich hätte sie diesem Opferstock predigen müssen" (Predigt 26, S. 273).

Das Reich Gottes ist in uns
(Advent 1994)

Es geht in der Weihnachtszeit nicht darum, den Geburtstag eines großen Weisen unserer Spezies zu feiern. Nicht der historische Jesus ist das wahrhaft Wichtige in dieser Weihnacht. Wer in der Geschichte stecken bleibt, tötet das Lebendige der Botschaft dieser Nacht. Religiöse Botschaft bezieht sich nicht auf historische Tatsachen. Sie verkündet zeitlose Wahrheiten.

Heute ist euch der Heiland geboren. Nicht damals vor langer Zeit. „Wär Christus tausendmal in Bethlehem geboren und nicht in dir, du wärst doch ewiglich verloren" (Angelus Silesius). Im Weihnachtsfest vollzieht sich – wie in allen religiösen Festen – der Mythos von der Entfaltung des Ewigen in der Zeit. Dieser Mythos vollzieht sich heute an uns.

Die „Fleischwerdung" des Göttlichen in der Weihnachtsnacht ist der Modellfall für alles Lebendige. Auch in uns ist Gott geboren. Eckehart lehrte daher: „Alles, was die Hl. Schrift über Christus sagt, das bewahrheitet sich völlig an jedem guten und göttlichen Menschen."[5]

Weiter Eckehart: „Nun sagt ein Meister: Gott ist Mensch geworden, dadurch ist erhöht und geadelt das ganze Menschengeschlecht. Dessen mögen wir uns wohl freuen. ... Dieser Meister hat recht gesprochen; aber wahrlich, ich gäbe nicht viel darum. Was hülfe es mir, wenn ich einen Bruder hätte, der da ein reicher Mann wäre, und ich wäre dabei ein armer Mann? Was hülfe es mir, hätte ich einen Bruder, der ein weiser Mann wäre und ich wäre dabei ein Tor" (Predigt 6, S. 178). Eckehart sagt damit, dass wir ein anderer Christus sind, dem das Gleiche widerfahren ist wie Jesus. Wir sind nach Eckehart in der Menschwerdung vor allem gemeint. Wenn von Jesus Christus die Rede ist, ist das personale Sohn-Sein eines jeden Menschen angesprochen. Er ist

---

[5] Dieser Lehrsatz Eckeharts gehört zu den 17 Artikeln, die durch Papst Johannes XXII. in einer Bulle vom 27. März 1329 als häretisch verurteilt wurden (Ed. Quint, S. 451).

überzeugt, „... dass der Vater es in allem dem, was er seinem Sohn Jesus Christus je in der menschlichen Natur verlieh, eher auf mich abgesehen hat und mich mehr geliebt hat als ihn, wieso? Er gab es ihm um meinetwillen, denn mir tat es not. Darum, was immer er ihm gab, damit zielte er auf mich und gab mir's so gut wie ihm; ich nehme da nichts aus, weder Einung noch Heiligkeit der Gottheit noch irgend etwas" (Predigt 5, S. 174).

An uns bewahrheitet sich heute, was sich an Jesus bewahrheitet hat. In der Geburt dieses Kindes feiern wir unsere göttliche Geburt. Dieses Weihnachtsfest soll uns unseren transzendenten Ursprung lehren und uns so unsere eigentliche Würde erfassen lassen. Es will uns die Identität mit Jesus Christus nahe bringen. Das zu erkennen ist die wichtigste Aufgabe unseres Lebens. Wir feiern dieses Fest, damit wir begreifen, dass auch wir Gottessöhne und Gottestöchter sind, dass auch wir „Gottmenschen" sind und dass auch über uns bei der Taufe wie über Jesus gesprochen wurde: „Dieser ist mein geliebter Sohn, diese ist meine geliebte Tochter." Wir feiern dieses Fest, damit wir bei all unserer Plumpheit, Erdhaftigkeit und Dummheit doch merken, dass wir göttlichen Ursprungs sind.

Und nur wenn wir erkennen, wer wir wirklich sind, werden wir auch entsprechend handeln. Die Moral kommt aus der Erkenntnis unserer Würde. Wir werden nicht würdig, weil wir uns moralisch gut verhalten. Wir *sind* würdig, und wenn wir erfahren haben, wer wir sind, dann werden wir uns auch entsprechend verhalten. Wir feiern dieses Fest, damit auch uns eines Tages aufgeht: „Ich und der Vater sind eins" und: „Das Reich Gottes ist in uns" und „Ich bin das Licht der Welt." Dieses Fest zeigt uns die Lichtseite unserer Existenz. Unser Menschsein ist eine Form, in der das Göttliche erklingt wie in einem Instrument. Aber wir dürfen nicht am Instrument, an dieser unserer menschlichen Form hängen bleiben. Wir dürfen nicht nur unseren irdischen Geburtstag feiern. Früher feierte man unter den Christen den Tauftag. Der Tauftag ist unser eigentlicher Geburtstag. Da wurde uns gesagt, sollte uns wenigstens gesagt worden sein, wer wir sind:

„Gotteskinder." Wie Jesus sollte uns diese Verheißung im Laufe unseres Lebens aufgehen.

Es ist die wichtigste Aufgabe der Zukunft, die Menschen ihre transzendente Identität zu lehren und sie so zu ihrer eigentlichen Würde zu führen. Das ist die wahre Aufgabe auch aller Religionen. Es ist auch die einzig wichtige Aufgabe unseres Lebens und der tiefe Sinn dieser Weihnachtszeit.

Tod, wo ist dein Sieg; Tod, wo ist dein Stachel?
(Ostern 1995)

In diesem Brief möchte ich einige Gedanken zu Ostern äußern. Das Thema ist Sterben und Auferstehen. „Tod, wo ist dein Sieg; Tod, wo ist dein Stachel?" fragt Paulus im Brief an die Korinther (1. Kor 15,51 ff.). Ich weiß nicht, wie Paulus dieses Wort verstanden hat. Aber wir haben das Recht, Heilige Schriften für unsere Zeit und nach unserer Welt – und Lebensauffassung auszudeuten. Jesus und Paulus hatten ein ganz anderes Weltverständnis. So lebten sie wahrscheinlich in einer Naherwartung des Weltendes. In einer solchen Vorstellung legt man Heilige Schriften ganz anders aus, redet und schreibt ganz anders als wir es heute tun mit unserem holistischen Kosmosverständnis.

„Auferstehung" bedeutet nicht ein immerwährendes Fortbestehen in einer Art goldverbrämtem Himmel. Gott ist nicht Statik. Auferstehung bedeutet Einheitserfahrung mit diesem raum- und zeitlosen Urgrund, den wir Abendländer „Gott" nennen. Ziel ist also nicht Unsterblichkeit, sondern Erfahrung der Zeitlosigkeit unseres wahren Wesens, das sich in ganz verschiedenen Formen manifestieren kann. Auferstehung ist nicht etwas, was sich ereignet am Ende unseres Lebens, Auferstehung ist der Durchbruch in die Erfahrung, dass es Geburt und Tod nicht gibt, sondern nur einen Wechsel der Form. Auferstehung des Leibes meint nicht, dass wir in dieser menschlichen Struktur wiederkommen, mag sie in unserer Vorstellung noch so ätherisch sein, sondern dass sich diese Urwirklichkeit Gott in jeder Struktur manifestiert und in jeder Struktur als der Urgrund erfahren werden kann.

Manche meinen, die Menschheit gerate dann in einen ozeanischen Brei, eine Art Trancezustand, in dem die kritischen Fähigkeiten verloren gehen. Das Gegenteil ist der Fall. Einheit, Ganzheit steht nicht in Opposition zur Individualität, sie ist vielmehr die Form, in der sich der Hintergrund und Urgrund manifestiert. Individualität behält daher ihren hohen Stellenwert. Sie ist der einzigartige Ausdruck dieses Urgrundes. Als Christen sagen wir, dass wir nach dem Bild Gottes erschaffen sind. Wir sind also eine individuelle Ausdrucksform dieser Urwirklichkeit, und darin liegt unsere Würde und Bedeutung. Und Ziel ist es, sich in jeder Existenzform, sei es Engel, Teufel, Geist oder was es sonst noch geben mag, als Ausdruck dieses zeit- und raumlosen Urgrundes zu erfahren. Aber diese Individualität ist nichts Bleibendes. Sie muss in jeder Existenz neu erfahren werden.

Religion kann dem Menschen den Weg zeigen und sie kann ihm den Weg verstellen. Das Weltbild und Weltverständnis der Menschen verändert sich ständig. Eine Religion hat sich in der Deutung ihrer Lehren mitzuverändern. So genannte Wahrheiten werden nicht wahrer, indem man sie ständig unverändert wiederholt. Sie müssen dem jeweiligen Welt- und Lebensverständnis gerecht werden.

Unser fundamentales Dilemma besteht darin, dass jeder sich zutiefst nach Unvergänglichkeit sehnt, sich aber entsetzlich vor dem Verlust dieses vordergründigen Ich fürchtet. Es möchte ewig existieren. Weil der Mensch den Tod des Ich nicht annehmen kann, flieht er in Aktivitäten, die seine Angst überdecken sollen. Der Fehlschlag ist bereits im Ansatz vorprogrammiert. Der Mensch kann die Illusion, ewig, stabil, beständig und unsterblich zu sein, nicht aufrechterhalten. Die vermeintliche Sicherheit entpuppt sich als Täuschung. Er muss nach dem Nächsten jagen.

In der Erfahrung unseres wahren Wesens liegt auch die Lösung unserer persönlichen Fragen. Wer den Urgrund des Seins erfährt, wird auch seine psychischen, körperlichen und geistigen

Probleme mit anderen Augen anschauen können. Sie schrumpfen einfach zusammen. Die Weltsicht verändert sich, und die Wertordnung verschiebt sich.

In diesen Erfahrenszustand zu gelangen, ist die tiefste Sehnsucht des Menschen, ob er darum weiß oder nicht. Jeder Mensch hat eine Erinnerung an seinen Urgrund, eine Ahnung, dass da etwas auf ihn wartet, was seine wahre Heimat bedeutet. „Der Ruf des Kuckucks lockt uns nach Hause", sagt ein Zenwort. Der Mensch sucht lange außen, in Dingen, in einer Partnerschaft, in einem personalen Gott, bis er merkt, dass das alles nur die Lockmittel des ewig Zeitlosen sind, die ihn zur Heimkehr rufen.

Vielleicht seid ihr jetzt geneigt zu sagen, das waren auch wieder nur Worte und Bilder. Ihr habt vollkommen recht, aber es waren Worte und Bilder, in denen ich mich als Mensch des 20. Jahrhunderts daheim fühle. Im Übrigen wisst ihr, dass ich niemanden zu meiner Überzeugung zwingen möchte. Bleibt bei eurem Glaubensverständnis, solange es euch trägt. Aber seid auch bereit loszulassen, wenn es seine tragende Kraft verliert.

Das Licht leuchtet durch uns
(Sommer 1995)

Wahrscheinlich hat euch in diesen Tagen das Gleiche beschäftigt wie mich: die Atombombe in Hiroshima und der Krieg im ehemaligen Jugoslawien. Am 6. August, an dem ich diesen Brief schreibe, feiern viele Christen das Fest der Verklärung Christi auf dem Berg Tabor, wie sie uns im Markusevangelium (9.1) berichtet wird. Während die Atombombe ein entsetzliches, zerstörerisches Feuer von außen war, berichtet das Evangelium vom Licht und Feuer, das von innen durch die Kleider Jesu drang. Ein solches Fest ist nicht Erinnerung an ein historisches Ereignis, sondern es geht bei ihm um Aussagen, die jeden von uns heute betreffen.

Die Mystik des Ostens und Westens ist sich darin einig, dass es unsere erste und wichtigste Aufgabe ist zu erkennen, wer wir sind – mit anderen Worten: das Licht zu erkennen, das sich auch in uns offenbart. Eckehart weist uns in einer Predigt darauf hin: „Nun sagt ein Meister: Gott ist Mensch geworden, dadurch ist erhöht und geadelt das ganze Menschengeschlecht. ... Dieser Meister hat recht gesprochen; aber wahrlich, ich gäbe nicht viel darum. Was hülfe es mir, wenn ich einen Bruder hätte, der ein reicher Mann wäre, und ich wäre dabei ein armer Mann? Was hülfe es mir, hätte ich einen Bruder, der da ein weiser Mann wäre, und ich wäre dabei ein Tor?" (Predigt 6, S. 178).

Eckehart will damit sagen: Das Licht leuchtet auch durch uns. Diese Verklärung geschieht auch mit uns. In seinen Worten würde der Satz lauten: „Was hülfe es mir, wenn Jesus so verklärt wäre und ich nicht?" Die Heiligkeit und Göttlichkeit Jesu ist auch unsere Heiligkeit und Göttlichkeit. Wir haben eine falsche Ansicht, wenn wir meinen, dass die Heiligen, die wir verehren, heilig seien, weil sie heroische Taten vollbracht hätten. Das stimmt nicht, auch wenn ihnen das beim Heiligsprechungsprozess bescheinigt worden sein sollte. Sie sind Heilige, weil das Göttliche in ihrer Gestalt weniger verdunkelt war als bei anderen.

Das göttliche Licht dringt ungehindert durch alles hindurch, wir sehen es nur nicht. Wir haben uns selber, unsere eigene wahre Gestalt in Jesus zu erkennen. Das Christusbewusstsein will sich an uns wiederholen. Auch wir sind „Gottes voll". Auch wir sind vom Göttlichen her transparent. Auch wir sind „theophan"; eine Erscheinungsform des Göttlichen. Die Transfiguratio, die Durchformung, ereignet sich auch an uns, auch wenn wir es nicht sehen. Leider sind unsere Augen gehalten wie die Augen der Jünger lange Zeit gehalten waren.

Das Leben wäre so einfach, wenn wir immer erkennen könnten, wer wir sind. Wenn wir in unsern Nachbarn erkennen könnten, wer sie sind. Wenn wir ihr Strahlen, das auch durch ihre Kleider dringt, erfahren könnten. Wir sehen noch nicht, dass die ganze Welt Tabor ist – dass selbst alles Leid davon durchdrungen wird. Wir leben mit strahlenden, leuchtenden Menschen zusammen. Wir sind nur noch nicht so weit, dass wir das erkennen können. Einmal werden wir uns als Menschen so weit entwickelt haben, dass wir uns als Söhne und Töchter Gottes erkennen. Dann und nur dann wird Friede sein.

Alle weisen Frauen und Männer wollten die Menschen auf den Pfad dieser Erkenntnis führen, auf einen Pfad der Erfahrung des Göttlichen. Die Heilige Schrift spricht in vielen Bildern davon: Rückkehr in den Schoß des Vaters, in das Vaterhaus, in das Reich Gottes, in die himmlische Stadt Jerusalem. Das hat nichts mit Zukunft zu tun. In Wirklichkeit müssen wir nirgendwo hin: Wir haben unserer eigenen göttlichen Tiefe nur eine Chance zu geben: uns zu finden.

Jesus vermittelt uns diese Göttlichkeit nicht, er verkündet sie uns. Eckehart sagt daher: „Die Seligkeit, die uns Christus zutrug, die war unser." Er ist gekommen, damit wir sie erkennen. Damit wir erkennen, dass das Reich Gottes in uns ist, dass wir ewiges Leben haben und dass wir Kinder Gottes sind. Oder, wie Paulus sagt, dass wir „Gottes Eigentum" sind, „Gottes Erben", „Gottes Wohnung".

Ich weiß sehr wohl, dass das Gesagte für jemanden, der in einer Depression steckt, wie Hohn klingt. Ich weiß sehr wohl, dass das Gesagte für jemanden, der um die Atombombe von Hiroshima weiß und um das Leid der von Krieg und von Hunger und anderen Katastrophen Heimgesuchten nicht ohne weiteres nachvollziehbar ist. Ich weiß aber auch, dass auf der Ebene der Erfahrung – aber nur dort – selbst Atombombe, Krieg, Hunger und Leid als der Vollzug des Göttlichen erfahren werden können. Auf unserem spirituellen Weg versuchen wir, auf diese Ebene zu gelangen, denn nur dort enthüllt das Leben in seiner ganzen Tragweite seinen Sinn.

Petrus hätte auf dem Tabor gerne drei Hütten gebaut, offensichtlich, um dort zu bleiben. Aber auf dem Tabor ist nicht unser Wohnort. Unser Wohnort ist unser Alltag, der Marktplatz, wie das letzte der Ochsenbilder im Zen uns klar macht. Jesus steigt daher vom Berg hinunter und erklärt seinen Jüngern, dass er jetzt nach Jerusalem ziehen werde, um den Pharisäern und Schriftgelehrten ausgeliefert zu werden. Ein spiritueller Weg, der nicht in den Alltag führt, ist ein Irrweg. Ich habe euch das oft gesagt und werde es euch noch oft sagen. Religion ist Alltag. Was wir traditionell Religion nennen, ist nur die außerordentliche Feier des Alltags. Diese Feiern sollten uns sagen, wer wir wirklich sind: eine Epiphanie des Göttlichen, das sich genau in diese unsere Person eingegrenzt hat, um sich als diese zu manifestieren. Ich musste euch das heute am 6. August sagen.

Vielleicht meint einer: „Das haben wir schon oft gehört!" Ja, aber es geht mir manchmal wie Eckehart, den ich zum Schluss noch einmal zitieren möchte: „Wäre hier niemand gewesen, ich hätte es diesem Opferstocke predigen müssen."

Das Fest der unbefleckten Empfängnis
(Weihnachten 1995)

Es ist der 8. Dezember, der Erleuchtungstag von Shakyamuni Buddha. Wir haben gerade das Rohatsu-Sesshin abgeschlossen. Am 8. Dezember feiert man in der katholischen Kirche auch das Fest der „Unbefleckten Empfängnis". Wie es scheint, zwei Feste, die nichts miteinander zu tun haben. Und doch machen sie im Grunde die gleiche Aussage.

Als Shakyamuni angesichts des Morgensternes zur Wirklichkeit erwachte, rief er aus: „Alle Wesen sind mit der Wesensnatur ausgestattet." Es gibt nichts, was nicht Manifestation der Wirklichkeit wäre, die im Zen „Leerheit" genannt wird.

Das Fest der Unbefleckten Empfängnis besagt, dass Maria ohne Erbsünde empfangen wurde. Was immer andere darunter verstehen mögen – für mich ist es die Feier unseres göttlichen Wesens. Es geht an diesem Fest nicht nur um Maria. Wir alle sind unbefleckt empfangen. In diesem Fest feiern wir unsere eigene unbefleckte Empfängnis. Wir feiern genau das, was Shakyamuni erkannt hat und was die Zen-Buddhisten an diesem Tag feiern: Wir sind göttlichen Ursprungs.

In jedem Wesen gibt es einen Ort, an den Schuld nicht hinreicht. Dort haben wir nichts falsch gemacht. Dort ist das „unentweihte Antlitz" des Menschen, wie Gertrud von Le Fort sagt.

Dort ist das „Antlitz vor unserer Geburt", wie Zen sagt. Dorthin kommt weder die Bosheit der Welt noch die eigene Schuld. Unbefleckte Empfängnis will sagen, dass unser eigentliches Wesen göttlich ist. Dieses göttliche Urprinzip hat sich diese menschliche Form, die Jesus war, die Maria war und die wir sind, kreiert. Sie hat sich in dieser Form und in allen Formen physischer, psychischer oder geistiger Art eingegrenzt. Dieses unverfälschbare Urprinzip, das wir Gott nennen, lebt als diese Form. Es kann nicht befleckt werden. Es zeigt sich leuchtend klar sogar in Leid und Versagen. Es manifestiert sich im Baum als Baum, im Tier als Tier und im Menschen als Mensch.

Genau das war auch die Erfahrung Shakyamunis. Wir feiern in diesen Festen unsere wahre Natur: „Wesensnatur" sagt man im Zen-Buddhismus, Göttliches Leben sagen wir Christen. Dieses göttliche Prinzip ist uns bei der Taufe bestätigt worden. So wie über Jesus eine Stimme erscholl: „Dieser ist mein geliebter Sohn, dieses ist meine geliebte Tochter", so erschallt über jedem Kind, das getauft wird, diese Stimme, die bestätigt, dass wir Kinder Gottes sind, dass wir göttlichen Ursprungs sind, dass wir unbefleckt empfangen sind. Die Taufe hat uns nichts Neues gebracht, sie hat uns nur unser göttliches Wesen bekräftigt. Genau dieses wird auch in einer buddhistischen Initiation jedem Kind mitgeteilt.

Religionen sollten ihren Anhängern viel mehr sagen, was sie sind und nicht nur wie sie sich verhalten sollen. Sie sollten ihnen sagen, dass es auf das Sein ankommt, auf das Wesen und nicht auf Leistung. Unsere Erziehungszentren sind keine Lebensschulen, auch wenn sie das für sich beanspruchen. Sie sind auf mentale Leistung ausgerichtet: auf Beruf, auf Karriere, Prüfungen, gute Abschlüsse und nicht auf das Sein. Differenziertes Spezialwissen beansprucht die ganze Kraft. Unser Geist wird in enge Leitplanken gezwängt. Er kann sich kaum frei entwickeln. Der Habens-Modus steht im Vordergrund, nicht der Seins-Modus (Erich Fromm).

Selbst Religion fährt auf dieser Schmalspur der Ausbildung. Doktor der Theologie wird man, wenn man nachgewiesen hat, dass man viel über Gott weiß, nicht dass man etwas von ihm erfahren hat. Selbst in unserer Spiritualität sind wir auf Leistung gedrillt. Auch da sind wir Macher. Gute Werke, Wohlverhalten. Den Himmel muss man sich verdienen. Was ist das für ein Gottesbild? Es ist ein Gott der Buchhalter.

Für manche klingt das sehr nach Synkretismus, das heißt nach einer Mischung aller Religionen. Genau das aber ist es nicht. Religionen sind wie Glasfenster. Sie zeigen verschiedene Aspekte der Ersten Wirklichkeit auf. Wir brauchen die vielen Facetten, denn keine Religion kann das Numinose ganz beschreiben. Religionen sollten sich eher vom Ziel her definieren. Im Grunde sind sie nur verschiedene Wege zum gleichen Gipfel. Dort ist die wahre Einheit. Interreligiöse Gespräche sind wichtig, aber wichtiger ist das Ziel: zu erkennen, wer wir wirklich sind.

Das Fest der Unbefleckten Empfängnis ist das Fest *unserer* unbefleckten Empfängnis. Der Tag des Erwachens von Shakyamuni Buddha ist eine Bestätigung unseres Wesenskernes, mit dem wir von Geburt an ausgestattet sind.

Ihr könnt nicht sterben
(Ostern 1996)

In einem Rund-Brief soll unsere gegenseitige Verbundenheit zum Ausdruck kommen. Verbunden sind wir uns zwar immer im täglichen Sitzen und täglichen „Zu-uns-selber-Kommen". Aber dieser Brief soll das auch nach außen zum Ausdruck bringen.

In diesen Tagen der Fastenzeit hören wir immer wieder die Worte: „Erlöst durch Jesus Christus" oder „durch sein Heiliges Blut hat er die Welt erlöst". Darin kommt der gängige Erlösungs-Glaube zum Ausdruck. Danach hat der Vater seinen Sohn gesandt, um für die Sünden der Menschen zu sterben. Ist das wirklich die Botschaft Jesu? Wir sollten uns hüten, Erlösung sogleich mit dem Tod Jesu in Verbindung zu bringen. Jesus hat wohl nicht daran gedacht, durch seinen Tod die Menschheit zu erlösen. Kaum ein Exeget wird das aus dem Neuen Testament herauslesen. Es gibt ganz verschiedene Möglichkeiten, den Tod Jesu zu deuten. Mit den folgenden Ausführungen möchte ich niemandem seine eigene Vorstellung der Bedeutung des Todes Jesu nehmen, ich möchte nur die meine sagen.

Die gängige Erlösungsvorstellung folgt den Ausdeutungen der lateinischen Kirchenväter. Diese entwickelten aus den Schriften des Neuen Testamentes eine Theologie nach römischen Rechts-Vorstellungen: Wer nicht getauft wird, dem kann die Erlösung durch Jesus Christus nicht zuteil werden. Später wurden diese Vorstellungen gemildert, aber die Erlösungstheologie hat sich kaum geändert.

Am bekanntesten ist die Auffassung von Erlösung als Loskauf und Sühnetat. Der Tod Jesu wird als Lösegeld für den Freikauf des Menschen aus den Händen Satans betrachtet oder zur Wiederherstellung der Ehre Gottes. Selbst im Ostergesang (Exsultet) kommt das zum Ausdruck. Diese Ausdeutung sieht Gott als Herrscher, Richter und Strafvollzieher für schlechtes Verhalten. Gott wird zu einem Wesen, das man beleidigen kann, das sich rächt für diese Beleidigung. Diese Deutung geht wohl zurück auf eine Stelle bei Markus: „Der Menschensohn ist nicht gekommen, um sich bedienen zu lassen, sondern um zu dienen und sein Leben hinzugeben als Lösegeld für viele" (Mk 10.45). In diese Schriftstelle sind sicher alttestamentliche Vorstellungen eingeflossen.

Die Ausdeutung des Kreuzestodes Jesu als Sühnetod kommt aus der Vorstellungswelt des Alten Testamentes. Nach dieser Deutung hat Jesus die Beleidigung, die der Mensch Gott zugefügt hat, gesühnt. Sünde wurde zur Beleidigung Gottes hochstilisiert. Für dieses Vergehen konnte dann nur eine unermessliche Reparation in Frage kommen, nämlich der Tod des Gottessohnes Jesus. Jesus hatte danach eine Strafe zu erdulden, die eigentlich dem Menschen als solchem gebührt. Diese alttestamentlichen Deutungen sind leider in das Neue Testament eingegangen. Die Sünden des Volkes wurden mit Handauflegung vom Hohenpriester auf ein Tier übertragen, auf einen Ziegenbock oder Schafbock, der zum „Sündenbock" wurde. Dieser wurde vor das Lager geführt und geschlachtet. Jesus wurde gleichsam zum Sündenbock oder zum Opferlamm, das die Schuld auf sich nahm und durch seinen Tod sühnte. Aber Jesus selber hat seinen Tod sicher nicht als Sühnetod verstanden.

Von der jüdischen Tradition her liegt nahe, dass Jesus sich als Prophet sah und daher auch den Tod als Schicksal der Propheten in seinem Volke angenommen hat. Die Propheten wurden verfolgt und zum Teil hingerichtet, weil das Volk ihre Botschaft nicht annehmen wollte. Jesus beruft sich darauf, wenn er zu den Pharisäern im Namen Gottes spricht: „Hört. Ich sende Propheten, Weise und Schriftgelehrte zu euch; ihr aber werdet einige von ihnen töten, ja sogar kreuzigen, andere in euren Synagogen auspeitschen und von Stadt zu Stadt verfolgen, damit alles gerechte Blut, das auf Erden vergossen wurde, über euch komme, vom Blut des gerechten Abel an bis zum Blut des Zacharias, des Sohnes des Barachias, den ihr ermordet habt zwischen Tempel und Altar" (Mt 23,35). Der Tod Jesu war demnach eine Konsequenz aus seinem Wirken als Prophet. Vom Propheten Jeremia heißt es: „Als er nun alles gesagt hatte, was ihn Jahwe zu reden geheißen, ergriffen ihn die Priester... und alles Volk und sprachen: Du musst sterben" (Jer 26,8). So ähnlich verstand wohl Jesus seinen Tod. Er war Zeuge der Wahrheit und musste deswegen sterben. Er wurde hingerichtet als Volksverführer.

Er hat eine Lehre verkündet, die der Gesetzesreligion der Schriftgelehrten widersprach. Es ist sogar durchaus möglich, dass Jesus nicht einmal begraben wurde. Das war nach einer Hinrichtung nicht üblich.

Wichtiger als die Frage: Wie hat Jesus seinen Tod verstanden? ist: Wie hat Jesus sein Leben verstanden? Was wollte er uns sagen? Er wird bei Markus eingeführt mit den Worten: „Er verkündete die Frohbotschaft Gottes und sprach: Die Zeit ist erfüllt, das Reich Gottes ist nahe. Kehrt um und glaubt an die Frohbotschaft" (Mk 1,15). Das war das Anliegen Jesu. „Reich Gottes" ist ein Bild für das Göttliche in uns. „Es ist in euch", sagt er. Kehrt um, kehrt euch nach innen, dann werdet ihr es finden. Er versteht die Heilung von Kranken und die Austreibung von Dämonen als

Bestätigung, dass das Reich Gottes da ist. Er hat es nicht gebracht, er hat es uns verkündet. Wie er so sind auch wir „Söhne und Töchter" des ewigen Vaters. Aus der Fülle Jesu haben wir alle empfangen, sagt Johannes (Joh 1,16). Jesus hat uns Kunde von Gott gebracht und Kunde über unser göttliches Wesen. Die Kunde lautet: Ihr seid nicht aus dem Willen des Fleisches, sondern aus Gott geboren und daher könnt ihr auch nicht sterben. Und das ist die Botschaft der Auferstehung: „Ihr könnt nicht sterben!"

Was wäre, wenn sich die These, die jetzt in manchen Büchern vertreten wird, bewahrheiten würde: „Jesus starb nicht wirklich am Kreuz, sondern ging nach Indien. Dort wurde sogar sein Grab gefunden"? Was wäre, wenn man historisch nachweisen könnte, dass die Gebeine Jesu gefunden wurden? Wäre dann unser Christentum nur ein übler Scherz? An meinem Glauben würde das nicht das Geringste ändern.

Ostern war ein Ereignis, das in den Jüngern statt fand. „Beweise" für die Auferstehung gibt es nicht. Die Osterbotschaft wird von Menschen bezeugt. Das leere Grab und der Engel sind nur Ausdrucksformen für diese innere Erfahrung und Überzeugung. Das griechische Wort „ophte" (offenbaren, 1. Kor 15,5) deutet an, dass Jesus nicht einfach von den Jüngern gesehen wurde. Er wurde ihnen offenbart, kundgetan. Es ist also nicht eine Begegnung mit einem Gegenüber. Es war wohl vielmehr ein Bekehrungserlebnis. „Da gingen ihnen die Augen auf." Es geht also nicht um magische, parapsychische Erfahrungen. Die Begegnung mit Jesus war ein tief inneres Erlebnis. Die Berichte sind Einkleidung. Auferstehung ist eine Erfahrung der Jünger, dass dieser Lebensabschnitt nicht alles ist, sondern dass so, wie dieser Jesus weiterlebt, auch sie selbst weiterleben werden. Die Ostererzählungen sind ins Verbale übertragene innere Erfahrungen. Es ist der Stil der Zeit und der Stil der Religion überhaupt, in Bildern und Gleichnissen zu reden.

Jesus ist der Typus, an dem wir unser eigenes Leben deuten sollen. Wir sind ein anderer Christus. Der Name „Jesus" und der Titel „Christus" sind zwei Aspekte der einen Wirklichkeit. Christus steht für das Göttliche im Menschen Jesus. In der Christenheit gab es schon immer das Wort „ein anderer Christus". Damit wurden die Christen bezeichnet. Damit ist gemeint, dass wir alle „Christusse" sind, dass sich an uns ereignet, was sich an Jesus Christus ereignet hat, dass sich Gott genau so in jedem von uns ausspricht, wie er sich in Jesus ausgesprochen hat. Ihn nennen wir den Erstgeborenen. Wir aber sind seine Schwestern und Brüder. Und das gilt nicht nur im analogen Sinn. Wir sind Söhne und Töchter Gottes. Die Auferstehungsbotschaft trifft auch auf uns zu.

Eckehart sagt das sehr deutlich: „Nun sagt ein Meister: Gott ist Mensch geworden, dadurch ist erhöht und geadelt das ganze Menschengeschlecht. Dessen mögen wir uns wohl freuen, dass Christus, unser Bruder, aus eigener Kraft aufgefahren ist über alle Chöre der Engel und sitzt zur rechten Hand des Vaters. Dieser Meister hat recht gesprochen; aber wahrlich, ich gäbe nicht viel darum. Was hülfe es mir, wenn ich einen Bruder hätte, der da ein reicher Mann wäre und ich wäre dabei ein armer Mann? Was hülfe es mir, hätte ich einen Bruder, der da ein weiser Mann wäre, und ich wäre dabei ein Tor? Ich sage etwas anderes und Eindringenderes: Gott ist nicht nur Mensch geworden, vielmehr: er hat die menschliche Natur angenommen... All das Gute, das alle Heiligen besessen haben und Maria, Gottes Mutter, und Christus nach seiner Menschheit, das ist mein Eigen in dieser Natur. Nun könntet ihr mich fragen: Da ich in dieser Natur alles habe, was Christus nach seiner Menschheit zu bieten vermag, woher kommt es dann, dass wir Christum erhöhen und als unseren Herrn und unsern Gott verehren? Das kommt daher, weil er ein Bote von Gott zu uns gewesen ist und uns unsere Seligkeit zugetragen hat. Die Seligkeit, die er uns zutrug, die war unser" (Predigt 6, S. 178).

Die Aussage ist klar. Leben endet nicht mit dem Tod. Es geht in eine neue Existenz ein – wie das Leben Jesu in eine neue Existenz eingegangen ist. Das Leben Jesu zeigt uns, wie nahe Gott dem Menschen ist. Wir sollen daran erkennen, wie nahe er auch uns ist, dass er sich letztlich als diese menschliche Form offenbart. Darin liegt unsere Würde. Jesus hat sie uns verkündet. Darum können wir mit der Dichterin Rose Ausländer sagen: „Vor seiner Geburt war Jesus auferstanden – Sterben gilt nicht für Gott und seine Kinder – Wir Auferstandene vor unserer Geburt."

Vollende deine Geburt!
(Herbst 1996)

Im Hegikan-Roku steht das folgende Koan: „Ein Mönch fragte Ummon: ‚Was ist, wenn der Baum verdorrt und die Blätter fallen?' Ummon sagte: ‚Vollkommene Manifestation des goldenen Windes!' – ‚Was ist, wenn der Baum verdorrt und die Blätter fallen?', fragt der Mönch Ummon". Übersetzt heißt das: „Wenn deine Konzepte und Vorstellungen, die du von den Dingen und Erscheinungen hast, wegfallen, was bleibt dann übrig?" Der Goldene Wind! Der Goldene Wind, das ist die reine Erfahrung der Wirklichkeit oder, wie Zen lieber sagt, die Realisierung der Wirklichkeit. Zu diesem Koan muss der Schüler eine entsprechende Lösung bringen.

Das Koan scheint mir aber noch eine Bedeutung zu haben. Der Goldene Wind, das ist in Asien auch eine Umschreibung für die Zeit des Alters. Ich stelle mir vor, dass im Koan zwei alte Mönche beisammen sitzen und der eine den anderen fragt: „Wie offenbart ES sich jetzt, wo wir alt und gebrechlich geworden sind?" ES auch im Alter, als das Alter zu erfahren, darum geht es dann. Sosein ist der Ausdruck, den Zen in diesem Zusammenhang liebt. ES offenbart sich auch als meine Gebrechen im Alter.

In diesem Jahr wurden in meinem Bekanntenkreis etliche „runde" Geburtstage gefeiert, und ich machte mir immer wieder Gedanken über das Altwerden. In Indien (aber auch bei den Taoisten) gibt es die Dreiteilung des Lebensweges.

1. Bis zum 25. bis 30. Lebensjahr entwickelt sich der Körper und die physische Person. Der Mensch erreicht einen gewissen Punkt der Reife. Er hat seine Ausbildung hinter sich und wächst auch nicht mehr.

2. Im nächsten Lebensabschnitt entwickeln sich andere Bereiche. Der Mensch heiratet, geht in einen Beruf, macht Karriere und entwickelt alle möglichen Talente. Für viele ist damit der Höhepunkt des Lebens erreicht. Sie meinen, man sei jetzt über den Berg. Es gehe abwärts. „Grufti" ist man zwar schon viel früher, aber manche fühlen sich dann auch so. Die so genannte Midlife-Crisis setzt bei vielen ein, falls sie die wesentlichen Fragen nicht einfach durch Aktivität verdrängen. – Aber der Mensch merkt dann, sollte wenigstens merken, dass er viel mehr ist, als er bis jetzt von sich zu wissen meinte.

3. Im dritten Lebensabschnitt ist der Mensch reif für einen Durchbruch ins Transzendente. Mit dieser Dimension beginnt die Persönlichkeit sich voll zu entfalten. Der vorausgehende Lebensabschnitt war eine Art Vorbereitung auf das Eigentliche. Es gilt, seine Geburt zu vollenden.

„Vollende deine Geburt!" Das ist zwar das Thema des ganzen Lebens, aber es erhält, wenn man fünfzig geworden ist, noch einmal eine tiefere Bedeutung. Dass dich Eltern geboren haben, war nur der Anfang. Alle esoterischen Wege wissen von einer zweiten Geburt, von einer Geburt „aus Wasser und Geist", wie Jesus zu Nikodemus sagt. Es ist eine Geburt zum vollen Menschentum, zur Entfaltung aller Potenzen, die uns mitgegeben worden sind, auch der spirituellen.

Das Märchen „Hans im Glück" zeigt uns das in einer lustigen Weise. Wie der Hans im Glück habt ihr einen großen Klumpen Gold verdient: Karriere, Partner oder Partnerin, Heirat, Haus, Kinder, das ist ein schöner Klumpen Gold. Aber das ist nicht alles, habt ihr erkannt. Ihr wisst, dass ihr noch nicht angekommen seid. Im Märchen heißt es: Hans ging heim zur Mutter. Mutter ist hier so etwas wie der Vater in der Parabel von den zwei Söhnen. Es bedeutet: zu Hause, der eigentliche Platz, an den ich gehöre. Dorthin, von wo ich ausgegangen bin, nicht meine Mutterbindung.

Die Parabel vom Verlorenen Sohn im Evangelium hat ähnliche Züge. Hans geht es zwar besser als dem fortgelaufenen Sohn, der am Ende als Schweinehirt sein Leben fristet, aber das spielt keine Rolle. Ob es die Erkenntnis ist „Da draußen geht es mir schlecht" oder die Erkenntnis „Das ist noch nicht alles", immer ist es dieser innere Ruf, der uns ahnen lässt, dass das Leben noch auf eine andere Erfüllung wartet.

Der Mensch erkennt, dass „Heil" nur auf dem umgekehrten Weg zu erlangen ist, auf dem Weg des Lassens. Der Goldklumpen wird eingetauscht in ein Pferd. Immer noch hängt der Hans an den Dingen. Das Gold war es nicht, vielleicht ist es das Pferd. Man kommt schnell voran, aber alles Irdische ist ein gefährliches Tier. Es wirft einen leicht ab. Träumen, die uns wie im Auto voranbringen, sollten wir misstrauen. Der Weg zu Fuß ist in der Mystik immer noch der sicherste. – Dann kommt die Kuh, sie gibt Milch, aber sie wird doch zur schlechten Weggefährtin. – Dann das Schwein. Aber es ist möglicherweise Diebesgut, gewaschenes Geld, erspieltes Geld, unlauter erworbenes Geld. – Dann die Gans. Ein Festtagsbraten. Gänsefett für ein halbes Jahr. – Der Scherenschleifer als Symbolfigur des einfachen Lebens. Redlicher Verdienst. Die Erkenntnis, dass es die einfachen Dinge des Lebens sind. Schließlich reicht ein Wetzstein. Und der fällt in den tiefen Brunnen. – Der Wetzstein, das letzte Stück, versinkt. Hans kniet nieder, heißt es im Märchen, und betet: „Ich danke dir, Gott, dass du mich von allen unnötigen Dingen befreit hast." Unbegreiflich, jetzt ist Hans der glücklichste Mensch. Er konnte alles lassen und ist jetzt frei.

Vollende deine Geburt! Das ist die Aufgabe unseres Lebens. Wir vollenden sie nicht durch Leistung, sondern durch Sein. Die Erfahrung des Seins, die Erfahrung unseres tiefsten Wesens, das ist die Hausaufgabe unseres Lebens. – Vollende deine Geburt, das wünsche ich euch zu eurem nächsten Geburtstag.

Geburt ist schmerzhaft, auch wenn man schon fünfzig ist. Sie ist immer voller Aufregung. Wer geboren wird, tritt in eine Welt, in der alles anders ist. Die Nabelschnur wird durchschnitten. Für die Hebamme ein kleiner Schnitt, für das Kind bedeutet es: Endgültig und für immer ist es jetzt ein selbständiger Mensch. – Ihr werdet noch oft die Nabelschnur durchschneiden müssen, wenn ihr werden wollt, was in euch angelegt ist. Die geistigen Nabelschnüre sind oft noch stärker als die natürlichen. Immer wieder versucht man festzuhalten, zu behalten, sich abzukapseln, nichts herzugeben.

Das heißt nicht, dass ihr jetzt die Hände in den Schoß legen und warten sollt, bis der Tod euch einholt. Der Weg endet auf dem Marktplatz. – Aber auch das ist nicht das Wichtigste, dass ihr noch etwas leistet, es geht vielmehr um das Sein. Ihr kennt die Geschichte von Rabbi Balschem. Als er im Sterben lag, sagte sein Sohn zu ihm: „Wie schön wäre es doch, wenn du sagen könntest: ‚Ich bin Abraham', wenn du jetzt vor Gott trittst." Balschem antwortete ihm: „Gott wird mich nicht fragen: ‚Warum warst du nicht Abraham?' Er wird mich fragen: ‚Warum warst du nicht Balschem?'" – Vollende deine Geburt. Werde, was du zutiefst bist!

Jungfräuliche Geburt
(Weihnachten 1996)

Im November nahm ich an unserem Zenlehrer-Treffen in Japan teil. In einer Ausstellung stieß ich auf ein Kleinod buddhistischer Kunst. Es stellt die „Jungfräuliche Geburt" von Shakyamuni Buddha dar. Seine Mutter Mayadevi steht graziös an einem diamantengeschmückten Sandelholzbaum, an dem sie sich festhält. Shakyamuni tritt aus ihrer rechten Seite, die Hände gefaltet und mit einer Krone auf dem Haupt. Obwohl die Lebensgeschichte Shakyamunis in ihren historischen Einzelheiten wohl bekannt ist, konnte sich parallel dazu der Mythos von seiner jungfräulichen Geburt entwickeln.

Auch die Atharva Veda erzählt von einer jungfräulichen Geburt. Dieser Geburts-Mythos, der von der jungfräulichen Geburt Shivas handelt, erinnert sehr an die Geburt Jesu: „Das Haupt der Anachoreten ließ Devaki (die Jungfrau) zu sich rufen und sagte: ‚Der Wille der Devas hat sich erfüllt, du hast in der Reinheit des Herzens und in göttlicher Liebe empfangen. Jungfrau und Mutter, wir grüßen dich. Ein Sohn wird von dir geboren werden, welcher der Erlöser der Welt sein wird. Aber dein Bruder Kansa sucht dich, um dich zu töten und die zarte Frucht, die du in dem Leibe trägst. Du musst vor ihm geschützt werden. Die Brüder werden dich zu den Hirten führen, die am Fuß des Meru wohnen, unter den duftenden Zedern, in der reinen Luft des Himavat. Dort wirst du einen göttlichen Sohn gebären, und du wirst ihn nennen: Krishna, den Gesalbten.'"

Warum werden uns solche Mythen erzählt? Mythen erzählen von uns. Wir sollen an ihnen uns selber erkennen und die Bedeutung unseres Lebens erfassen. Es geht an Weihnachten nicht darum, die Geschichtlichkeit der Geburt Jesu zu beweisen oder das Wunder einer biologischen Jungfrauengeburt. Religiöse Botschaft bezieht sich nicht auf historische Fakten. Sie kündet die dahinterliegende Wahrheit und bedient sich dabei mythischer Bilder und Symbole, weil diese das Unsagbare besser ausdrücken können als Worte. Es geht in den oben genannten Mythen um unsere Geburt aus Gott. Wir alle sind „jungfräulich empfangen und jungfräulich geboren".

Eckehart kann daher predigen: „Mein leiblicher Vater ist nicht eigentlich mein Vater, sondern nur mit einem kleinen Stückchen seiner Natur, und ich bin getrennt von ihm; er kann tot sein und ich leben. Darum ist der himmlische Vater in Wahrheit mein Vater, denn ich bin sein Sohn und habe alles das von ihm, was ich habe, und ich bin derselbe Sohn und nicht ein anderer. Weil der Vater (nur) ein Werk wirkt, darum wirkt er mich als seinen eingeborenen Sohn ohne jeden Unterschied" (Predigt 7, S. 185).

Sterben und Auferstehen
(Ostern 1997)

Es ist Palmsonntag. Kaum eine Woche vergeht, ohne dass mir jemand vom Leiden und Sterben von Freunden und Bekannten berichtet. Leid spielt in unserem menschlichen Leben eine bedeutsame Rolle. Shakyamuni Buddha behauptet in seinen ersten Verlautbarungen: „Das Leben ist Leiden." Mit dem Tod des Ich hat er Erleuchtung erfahren und den Weg erkannt, den Menschen zu gehen haben, um frei von Leid zu werden. Einer seiner großen Nachfolger, Milarepa, hat es in folgende Worte gekleidet: „Die Angst vor dem Tod hat mich in die Einsamkeit der Berge getrieben. Wieder und wieder habe ich über die Ungewissheit der Todesstunde meditiert und so die Festung der unsterblichen, unendlichen Natur des Geistes erobert. Jetzt ist es mit aller Angst vor dem Tod aus und vorbei."[6]

Das Leben ist leidvoll. Immer wieder geraten wir in schmerzvolle Situationen. Wir können darüber einen Klagegesang anstimmen, oder wir können versuchen, sie zu unserer Reife zu nutzen. Erste Voraussetzung dafür ist Annahme: Annahme der Situation, die man momentan nicht ändern kann. Annahme des Schmerzes, Annahme der Umstände. Das hat nichts mit Fatalismus zu tun. Das heißt auch nicht, dass ich nicht zum Zahnarzt gehen soll oder zu einer Operation, wenn ich krank bin. Ganz im Gegenteil: Man kann alles tun, um den Schmerz zu lindern. Aber es gibt Situationen, in denen man nichts ändern, sondern nur annehmen kann.

Nur eine Transformation der Situation hilft uns weiter. Was wir leidvoll nennen, ist nichts anderes als das, was wir freudvoll nennen. Unser Verstand kann das nur schwer begreifen. Aber unser tiefstes Wesen, das sich in dieser unserer leidgeplagten Person ausdrückt, kennt nicht gut und nicht böse, kennt nicht Leid und nicht Freude. Es vollzieht sich als das, was gerade ist. So wird Leid auf eine neue Stufe gehoben. Damit ist der Schmerz nicht weg. ES offenbart sich vielmehr als Schmerz. Aber der Schmerz hat dann eine andere Qualität. Wir strengen uns an, dem Leid zu entrinnen. Aber wenn wir das Leid nicht annehmen, behindern wir unser Wachsen. Auch der tiefste Schmerz ist von jenem Urgrund getragen, den wir Wesensnatur oder Gott nennen. Diese Erfahrung wird uns verwandeln.

Krisen in unserem Leben sind Zeiten des Wachstums. Wir werden aus dem Mutterschoß gestoßen, um Mensch zu werden,

---

[6] Sogyal R., Das Tibetische Buch vom Leben und vom Sterben, Bern 1994, S. 59.

das ist leidvoll. Wir werden entwöhnt, das ist leidvoll. Wir müssen in die Schule zur Ausbildung, das ist leidvoll. Wir müssen aus dem Elternhaus, das ist leidvoll. Wir haben Krankheit und Altern anzunehmen, das ist leidvoll. Und dann bleibt uns nichts übrig als auch den Tod anzunehmen.

Scott Peck, ein amerikanischer Psychologe, zählt in einem Buch die wichtigsten Dinge auf, die im Laufe des Lebens nur unter Leid losgelassen werden können: die Kindheit, die keine Forderungen an uns stellt, entstellte Bilder unserer Eltern, die Lebendigkeit der Jugendzeit, die sexuelle Attraktivität und Potenz der Jugend, die Autorität der Eltern über die Kinder, verschiedene Formen zeitweiliger Macht, die Unabhängigkeit von physischen Krankheiten und letztlich das Ich und das Leben selber.[7]

Die meisten Menschen wollen die Pein des Loslassens nicht annehmen. Sie vergeben sich damit die Gelegenheit zum Wachsen und Reifen. Sie bleiben lieber in ihren alten Mustern und versäumen die Chance und die Freude einer Wiedergeburt zum vollen Menschentum.

Die wirkliche Freude des Lebens kommt durch das Aufgeben und Loslassen von letztlich unhaltbaren Positionen. Wer etwas loslassen kann, wird dafür mehr gewinnen. Loslassen ist der Preis für Reife und Weisheit. Die Pein des Sterbens ist die Pein der Neugeburt. Ein altes Konzept, eine alte Theorie, eine Lebensweise, eine Weltsicht muss sterben. Tod und Geburt sind nichts anderes als zwei verschiedene Seiten einer Münze. Spirituelle Schulung bedeutet Reifen, bis wir annehmen können, dass unser Leben eine Serie von gleichzeitigem Sterben und Auferstehen ist.

Wenn Leid wirklich akzeptiert ist, hört es auf, Leid im üblichen Sinn zu sein. Es wächst mit der Annahme des Leides eine tiefe Freude. Bei manchen leidgeprüften Menschen kommt diese Freude durch. Sie sind von einer großen Liebe zu ihren Mitmen-

---

[7] Scott Peck: The road less travelled, London 1990, S. 74.

schen. Ein reifer und weiser Mensch kann seine Liebe zu den anderen nicht für sich behalten. Sie wissen, dass sie berufen sind, der Welt und ihren Mitmenschen zu dienen. Aber das ist nicht einfach. Den Menschen zu helfen bedeutet, ihnen die Wahrheit zu sagen und sie vor Entscheidungen zu stellen. Die Jünger Jesu wollten davon nichts wissen. Sie wollten von seinem konsequenten Weg als Prophet, der in Leid und Tod führte, nichts wissen. „Weg von mir, Satan, geh mir aus den Augen", sagte Jesus zu Petrus, als er ihn am Leiden hindern wollte.

Es gibt in der Mystik eine Einstellung zum Leid, die auf den ersten Blick narzisstisch wirkt. Immer wieder haben Heilige und Weise um Leid gebetet. Wachstum und besonders spirituelles Wachstum – gleichbedeutend mit Reifen – geschieht durch Leid. Wer reifen will, kann ihm offensichtlich nicht entgehen. Einem Menschen zur Annahme des Leides zu verhelfen ist schwer. Solche Entscheidungen sind auch für den, der sie fällen muss, oft schmerzhaft. Wer nicht selber unter einer Entscheidung und einem Rat, den er gibt, leidet, der ist sich seiner Entscheidung nicht ganz bewusst. Wer andere auf ihrem spirituellen Weg begleiten will und selber höhere Ebenen des Bewusstseins sucht, wird sie nicht erreichen ohne Leid. Es ist eine Berufung zum Leid in einer besonderen Weise. Es gibt zu viele Menschen, die sich auf einen spirituellen Weg machen und meinen, sie könnten dem Leid entgehen. Aber alle Heilswege führen durch Leid und Dunkelheit und erst durch den Abstieg in die Unterwelt zum Licht. Die Auferstehung ist die Kehrseite des Leides.

Uns im Leid gegenseitig beizustehen, halte ich für eine wichtige Aufgabe unserer Gemeinschaft. Leid führt uns zusammen. So wünsche ich euch den Frieden und die Freude, die aus der Erfahrung des Leides erwachsen können, auch die Gabe, miteinander zu trauern in der Gewissheit, dass wir am Ende triumphierend mit Paulus rufen können: „Tod, wo ist dein Sieg, Tod, wo ist dein Stachel?"

Die Welt braucht mehr Buddhas und mehr Christusse
(Sommer 1997)

Manche Menschen, die den Zen-Weg gehen, meinen, sie müssten auch Buddhisten werden. Buddhist oder Christ?, heißt dann die Alternative. Jack Kornfield, der amerikanische Therapeut und Lehrer der „Insightmeditation", sagte einmal: „Die Welt braucht nicht mehr Buddhisten, sie braucht mehr Buddhas." Die Welt braucht auch nicht mehr Christen, sie braucht mehr „Christusse". Shakyamuni wie Jesus wollten die Menschen in eine neue Wesens-Erkenntnis führen. Diese Erkenntnis nennen wir Buddha-Bewusstsein oder Christus-Bewusstsein. Mit „Shakyamuni" bezeichnen wir den Menschen, mit „Buddha" das Bewusstsein. Mit „Jesus" bezeichnen wir den Menschen, mit „Christus" das Bewusstsein. Buddha-Bewusstsein und Christus-Bewusstsein unterscheiden sich in meinen Augen nicht. Beides bedeutet eine ganz neue Erfahrung des eigenen Wesens und der Wirklichkeit. Shakyamuni rief am Morgen seiner Erleuchtung aus: „Alle Wesen haben die Buddhanatur." Jesus predigte: „Das Reich Gottes ist in euch." Beide verwiesen sie uns auf den Grund unserer Existenz, den es zu erfahren gilt. „Wir brauchen mehr Buddhas, mehr Christusse" ist also nicht im moralischen Sinn zu verstehen, es geht um die Erkenntnis unseres wahren Wesens.

Ihr wisst, dass ich mich immer wieder mit dem Thema „Religion" auseinander setze. Warum? Vielen, die zu mir in die Kurse kommen, entschwindet plötzlich ihr religiöses Fundament. Bei manchen war es schon längst nicht mehr da, es wird ihnen erst jetzt bewusst. Andere spüren, wie ihnen ihre angestammte Religion Stück für Stück entgleitet. Sie sind beunruhigt.

Religionen sind Modelle, an denen wir versuchen, unsere eigene Existenz zu definieren und uns in die Welt einzuordnen. Sie sollten uns etwas über den Sinn unseres Lebens sagen. Aber gerade in diesem Punkt sind vielen die Aussagen unzureichend. Die Hoffnungsbilder tragen nicht mehr. Die Menschen finden in der Wiederholung uralter Formulierungen keinen Halt mehr.

Wenn ein Naturwissenschaftler ein Modell aufstellt, dann tut er das, um seine Erkenntnisse anderen mitzuteilen. Andere schauen sich dieses Modell an und bringen Veränderungen und Verbesserungen an. Ein Modell hilft, der Wahrheit Schritt für Schritt näher zu kommen. So sollten auch Religionen immer wieder für ihre Zeit neu interpretiert werden, damit die Menschen sich darin wiederfinden und Lebenshilfe erfahren.

Es reicht nicht aus, dass sich die Religionen auf ihre soziale Verantwortung besinnen. Drogen, Verunreinigung der Erde, Krankheiten, globale Kriminalität, Armut auf der einen Seite, Ausbeutung auf der anderen Seite erschüttern die Menschheit. Sicherlich ist es gut, zusammen ein Weltethos zu definieren und die Gewissen wachzurufen. Aber Religionen sollten uns nicht in erster Linie sagen, was wir zu tun haben, sondern wer wir sind. Sie haben nicht in erster Linie mit Moral zu tun, sondern mit Transzendenz. Dazu aber reichen Glaubenssätze und Moral nicht aus. Die sogenannten Stifter wussten das. Sie waren daher alle auch Religionskritiker. Und meistens wurden sie wegen ihrer Kritik auch verfolgt. Sie versuchten, die Menschen in die Erfahrung der Ersten Wirklichkeit zu führen.

Wer das sagt, dem wird leicht der Vorwurf des Synkretismus gemacht, das heißt es wird ihm vorgeworfen, er vermische die Religionen. Aber gerade das Gegenteil trifft zu. Jede Religion soll ihre Eigenprägung behalten. Aber jede Religion soll ihre Anhänger auch über ihre Lehrsätze hinausführen in die Erfahrung dessen, was die Lehrsätze verkünden. Jenseits der Konfessionen wird die „eine Wahrheit" erfahren, die von den einzelnen Religionen zwar verschieden benannt wird, aber letztlich die „eine Wahrheit" ist, die es am Ende nur geben kann. Religionen gleichen so den Aufstiegsrouten an einem Berg. Man kann den „Berg Religion" von verschiedenen Seiten angehen. Es gibt steile Aufstiege und gemächliche. Alle führen sie aber auf den Gipfel. Wer oben angekommen ist, wird nicht sagen, er oder andere seien eine falsche Route gegangen. Er wird vielleicht darauf hinweisen, dass eine Route für den einen zu steil und für den anderen besser geeignet ist und entsprechende Empfehlungen aussprechen. Manchmal ist der längere Weg der zeitlich kürzere. Am Ende aber treffen sie sich alle auf dem Gipfel.

Nur in der Erfahrung der Letzten Wirklichkeit erhalten wir Sinndeutung unseres Lebens. Uns dorthin zu begleiten, war das Anliegen Shakyamunis und das Anliegen Jesu. Die Welt braucht mehr Menschen, die sich um die Urerfahrung Shakyamunis und die Urerfahrung Jesu bemühen. Es ist die Erfahrung der Einheit mit dem Ersten Prinzip, dem die Menschen zwar verschiedene Namen gegeben haben, das aber ihr gemeinsames tiefstes Wesen ist. „Die Welt braucht mehr Buddhas und mehr Christusse." Sie braucht mehr „Erfahrene".

Tänzer und Tanz
(Weihnachten 1997)

Der Mensch sieht sich vor drei große Fragen gestellt: Gott, Kosmos und Mensch. Sie sind in ihrer Formulierung sehr alt: Wer bin ich? Gibt es hinter all dem Sichtbaren und Vergänglichen etwas Bleibendes? Was geschieht nach dem Tod? Was ist Wirklichkeit? Bin ich mehr als diese meine momentane Persönlichkeitsstruktur, mehr als die Muster und Fixierungen, in denen ich lebe? Gibt es mehr in meinem Leben zu erfahren, als meine Ratio zulässt? Psychologie verlangt die Treue zur Ich-Struktur, Spiritualität die Treue zu unserem wahren Wesen. Kann ich diese Ich-Struktur öffnen, um mehr zu erfahren?

Keine Dogmatik, kein System kann letzte Antworten auf diese Fragen geben, weder die Schriften, die Shakyamuni Buddha zugeschrieben werden, noch die, die vom Leben Jesu nacherzählt werden. Alle diese so genannten „Religionsstifter" – tatsächlich wollte keiner von ihnen eine neue Religion stiften, das haben ihre Nachfolger getan – wollten in die Urerfahrung des Seins führen, die ihnen widerfahren ist. Das ganze Panorama der theologischen und philosophischen Literatur, das unsere Bibliotheken füllt, reicht den Menschen unserer Zeit nicht mehr. Sie wollen erfahren, was Wirklichkeit ist.

Religionen können höchstens Landkarten sein, die Wege in diese Urerfahrung der Weisen zeigen. Sie können auf die Spur setzen, damit überhaupt Orientierung im Wust der Ansichten und Meinungen möglich wird. Aber wir haben nicht Buddhisten zu werden, um Zen zu praktizieren, und wir haben nicht Christen zu werden, um Kontemplation zu üben, ebenso wenig müssen wir Hindus werden, um Yoga zu machen.

Ich liebe die Gedichte Kabirs. Hier eine Kostprobe, die unser Thema erhellt: „O Freund! Dieser Körper ist seine Lyra: Er strafft ihre Saiten und entlockt ihr die Melodie des Brahma. Wenn die Saiten erschlaffen und die Schlüssel sich lockern, dann muss zu Staub werden wieder das Instrument aus Staub. Kabir sagt: Niemand als Brahma kann diese Melodie hervorbringen."

Der Kosmos ist das Spiel eines leidenschaftlichen Spielers. Aber dieser Spieler sitzt nicht außen, er vollzieht sich als Spiel. Er kreiert sich als Spiel. Unsere Lebensaufgabe ist es, gute Mitspieler zu werden und entsprechend den Spielregeln mitzukreieren. Wir werden gehindert durch unsere Eigenwilligkeit, durch eigene Spielregeln, nach denen wir spielen wollen. Das sind Vorstellungen, Konzepte, Muster, Konditionierungen. Sie drücken uns nieder, gaukeln uns eine Welt vor, die nicht die unsere ist. Wer erst einmal erfahren hat, wie sehr er niedergehalten wird durch die „Spielverweigerung" unseres Ich, schüttelt manches ab. Aber er muss spüren, dass Verweigerung Leid bedeutet.

Der Mensch wünscht sich einen Himmel, in dem es kein schlechtes Wetter, keine Zahnschmerzen, keine Erdbeben, Überschwemmungen, Kriege, Feindschaften und Probleme gibt. Aber es gibt nichts außerhalb dieses Urprinzips. Es ist alles eingeschlossen, was sich da in uns und um uns vollzieht, auch Leid, Krieg und Tod. Es gibt nichts außer diesem göttlichen Tanz. „Religiös sein" heißt, mitzutanzen und sich als Tänzer oder Tänzerin und als Tanz zu erfahren. Es fehlt uns leider die Leichtigkeit des Lebens: die Leichtigkeit des Tanzes, die Leichtigkeit des Kommens und Gehens, des Geborenwerdens und Sterbens. Wir sind schlechte Tänzer. Wir möchten immer den Schritt machen, der nicht dran ist. Und dadurch verhaspeln wir uns.

Die Erfüllung unserer Sehnsucht liegt in uns, aber es ist nicht unsere Mitte, sondern die Mitte Gottes, die wir dort finden. Die Menschen suchen den Erlöser draußen. Sie hoffen, dass es Jesus, Shakyamuni, Amida Buddha oder Shiva für sie macht. Unser Ich kann sich Erfüllung nur im Du vorstellen. Dass wir dieses Du, von dem wir alles erwarten, selber sind, lässt sich rational nicht begreifen. Die Erfüllung unserer Sehnsucht liegt in uns. Religion ist unser Leben, so wie es sich vollzieht. Hier und jetzt ist es zu finden. Dieses Ur-Prinzip manifestiert sich im Baum als Baum, im Tier als Tier und im Menschen als Mensch und wenn es Engel und Teufel gibt, im Engel als Engel und im Teufel als Teufel. In diesem Vollzug unseres Lebens sind Dinge, die wir angenehm oder unangenehm nennen. Die schlechten schreiben wir oft den anderen zu oder dem Teufel. Aber sobald wir an einen Teufel glauben, geraten wir in Schwierigkeiten. Dann erschaffen wir eine Macht neben diesem Ur-Prinzip.

Gottheit, Gott, das Numinose, das Absolute, Wesensnatur, Sunyata, Leerheit, Allah – auch christliche Begriffe wie Vater, Reich Gottes, Ewiges Leben – sind nichts anderes als Versuche, etwas zu benennen, was sich nicht benennen lässt. Es ist der eine Aspekt der Wirklichkeit. Daneben gibt es den anderen Aspekt, den man mit Schöpfung, Welt, Maya, Form, Farbe bezeichnen kann. Beide Aspekte zusammen machen die Wirklichkeit aus – „Nicht-Zwei", sagt die östliche Philosophie. Das zu erkennen, sollen uns auch Festtage, Rituale, Hochzeiten helfen, in denen uns das Mysterium Mensch wieder neu erklärt wird. Ein solches Mysterium feiern wir mit der Geburt Jesu. Es geht um uns in diesen Tagen. Unsere eigene göttliche Inkarnation feiern wir.

Christliches Selbstverständnis
(Ostern 1998)

Das Jahr 2000 und die Zeit danach sollen dem Christentum ein neues Gesicht geben. Es kann dabei wohl nicht nur um Restauration des Alten gehen. Unser Weltbild hat sich in den letzten Jahren so verändert, dass so manche Aussagen keine Kraft mehr besitzen. Ich werde oft nach meinem eigenen christlichen Selbstverständnis gefragt und auch danach, wie ich mir eine Erneuerung vorstellen würde. Was ich sage, bleibt noch für lange Zeit ein Wunsch. Aber vielen ermögliche ich mit dem, was ich sage, Christ zu bleiben und Lebensdeutung und Lebenshilfe aus dem Christentum zu schöpfen. Darum schreibe ich dies nieder. Es ist mein Selbstverständnis, das ich euch auf dieser Seite zusammengefasst habe. Ihr müsst nicht mitgehen, aber Ihr sollt auch wissen, wo ich stehe. Ich schreibe dies an meinem 73. Geburtstag. Es liegt eine lange, manchmal auch schmerzhafte Entwicklung hinter mir, die mich bis zu diesem Punkt geführt hat.

Ursünde. Die Schwierigkeiten der theistischen Religionen beginnen mit einer nicht sehr glückhaften Interpretation der Ursünde. Was Ursünde genannt wird, ist das Auftauchen des personalen Bewusstseins aus einem archaischen Vorbewusstsein. Es hat mit Sünde nichts zu tun, sondern ist ein Entwicklungsschritt in der Menschwerdung. Wer diese Entwicklung aber als Abfall von Gott deklariert, braucht einen Erlöser, der den Zustand „repariert". Die Mystik kennt diesen Bruch nicht. Sie kennt daher auch keinen Erlöser.

Ich. Das Auftauchen des Ich brachte Abgrenzung und Individualität. Das ist ein starker Entwicklungsschub in der Evolution. Gleichzeitig geschah aber durch die Dominanz des Ich auch eine Abgrenzung zu unserem wahren Wesen. In Wirklichkeit gibt es kein von Gott getrenntes Ich. Nur ER (ES) kann „Ich" sagen. Der nächste Schritt in der Evolution des Bewusstseins ist dann die Erfahrung der Einheit und Ganzheit. Das geht nur über die Zurücknahme der Ich-Abgrenzung. Das nennt die Mystik das „Sterben des Ich". Die Entfaltung des spirituellen Bewusstseins kommt daher um den Tod des Ich nicht herum. Der Tod des Ich ist die Voraussetzung für die Erfahrung Gottes. Darin sind sich alle spirituellen Wege des Ostens und des Westens einig. In der christlichen Mystik stirbt das Ich in der Unio Mystica. In den östlichen Religionen gibt es kein permanentes Ich. Das Ich behält seine Bedeutung als Funktionszentrum, in dem sich die Erste Wirklichkeit „ausspricht". Es ist nur das Instrument, auf dem sie spielt. Das Instrument wird vergehen, der Spieler ist weder geboren noch kann er sterben. Darum gibt es auch für unser tiefstes Wesen weder Geborenwerden noch Sterben. Eigentlich dürften wir nicht sagen: „Ich bin geboren." Wir müssten sagen: „ES ist als dieses Ich geboren."

Gott. Was wir Abendländer seit einigen Jahrtausenden „Gott" nennen, steht für Einheit und Ganzheit des evolutionären Geschehens. Ein planendes und direkt eingreifendes Wesen außerhalb anzunehmen, ist mit unserem zeitgenössischen Weltbild wohl nicht mehr zu vereinbaren. In der tiefen mystischen Erfahrung existiert kein Gegenüber. Unter „Gott" verstehe ich das, was existiert, das Sichtbare und Unsichtbare. Alle Strukturen sind Strukturen Gottes. Alle Formen sind Formen Gottes. Gott kreiert sich selbst in allen Wesenheiten. Daher kann nichts von ihm getrennt sein. Nur er kann „Ich" sagen. Denn es gibt nichts außerhalb von Gott. Wie könnte ihm etwas gegenüberstehen? – Gott ist die Symphonie, die erklingt. Er hat sich keine Symphonie komponiert, die er sich jetzt anhört, die er dirigiert; er erklingt als diese Symphonie und alle Formen sind nur individuelle Noten. Letztlich ist es die Entfaltung der Ersten Wirklichkeit in der Erscheinungswelt. Oder, um ein anderes Bild zu gebrauchen: Es gibt nur Facetten des Einen. Auf unserem Weg gilt es das zu erfahren, nicht nur darum zu wissen.

Jesus. Was wollte Jesus? Darauf gibt es verschiedene Antworten. Er wollte uns, meine ich, in die Urerfahrung des Seins führen, die er selbst gemacht hat. Diese Wirklichkeit nannte er „Vater." So wie Jesus die Manifestation dessen ist, was er Vater genannt hat, so sind wir alle und jedes Geschöpf Manifestationen Gottes. Wenn wir in den alten biblischen Bildern bleiben, kann jeder und jede sagen: „Ich und der Vater sind eins" und „Wer mich sieht, sieht den Vater". Das bedeutet Gleichstellung jedes Menschen mit Jesus. Jeder von uns muss von sich bekennen dürfen: „Ich bin Sohn, ich bin Tochter Gottes." Jesus will nicht allein der Privilegierte sein. Wir sind seine Brüder und Schwestern und unterscheiden uns nicht von ihm. An ihm können wir ablesen, wer wir sind. Jesus von Nazareth ist ein Mitglied der Spezies „homo sapiens" wie wir alle. Was von ihm in der Schrift gesagt ist, gilt auch von uns. Die Stimme, die bei der Taufe Jesu sagte: „Du bist mein geliebter Sohn", diese Stimme erschallt über jedem Menschen bei seiner Geburt. In der Taufe wird uns Christen diese Einheit nur bestätigt.

Auferstehung ist Zerfall der Form, in der sich Gott ausdrückt. Da ist kein richtendes Gegenüber. Gott offenbart sich in allen Formen als der Kommende und Gehende, als Geborenwerden und Sterben. Geborenwerden und Sterben ist die „Struktur" Gottes. Wir sind Auferstandene vor unserer Geburt (R. Ausländer). – „Erlösung" ist daher Erkennen unseres wahren Wesens. Wir sind Erlöste. Unser Ich verdunkelt diese Erkenntnis. Darum halten wir uns für unerlöst. „Das Reich Gottes ist in euch", sagt Jesus. Uns in diese Erkenntnis zu führen, war das Anliegen Jesu.

Ethik. Der Einzelne und die Welt werden nicht durch moralisches Verhalten gerettet, sondern durch die Erfahrung des göttlichen Wesens. Diese Erfahrung führt zur Erkenntnis der Einheit aller Wesen. Aus dieser Einheitserfahrung kommt das Handeln. Das Wort „Was ich dem anderen antue, tue ich mir an" wird zur Erfahrung. Wer das erfährt, trifft seine Entscheidungen nicht mehr nach Normen, die von außen vorgegeben werden. Eltern, Gesellschaft, Religion, Partei und Ideale haben diese Normen geformt. Wer die Einheit erfährt, fragt sein Einssein mit allen Wesen und dem ganzen Universum und handelt daraus. Was existiert, ist ein Einziges. Jeder und jedes ist auch das Ganze. Liebe kann also gar nicht begrenzt sein. Die Handlungsmaximen kommen dann aus dem Urgrund. Egoismus ist unmöglich. „Es gibt keinen Weg mehr. Für den Gerechten gibt es kein Gesetz", sagt Johannes vom Kreuz auf einem Bild, auf dem er den Aufstieg zum Berg Karmel darstellt. „Liebe und tue was du willst!", sagt Augustinus. Der Mensch, der die Einheit aller Wesen erfahren hat, folgt der Eigendynamik der Liebe. Das macht niemanden zum Gesetzlosen. Das macht ethische Normen nicht überflüssig, es begründet sie noch einmal neu. – Sünde ist Unkenntnis. Weil der Mensch nicht weiß, wer er ist, verhält er sich egozentrisch und abgespalten. Das Strukturprinzip der Evolution ist Egotranszendenz und Tendenz zur Einheit hin. Egotranszendenz führt zu immer umfassenderen Organismen bis hin zum Einen und Einzigen. Wer sich dieser Grundtendenz widersetzt, schließt sich selber aus und vergeht. Es gibt kein richtendes Gegenüber. Sünde ist Unfähigkeit, sich als das Ganze und Eine zu erfahren und sich einzuordnen. Wenn ich Karfreitag und Ostern feiere, ist eine solche Standortbestimmung für mich immer wichtig.

Was bleibt am Ende? Die Erfahrung der Leerheit (Zen) oder Gottheit (Eckehart), die im Augenblick, und nur da, offenbar wird und sich in einer umfassenden Liebe ausdrückt. Das aber ist die Fülle des Lebens.

Über den spirituellen Weg
(Herbst 1998)

Mein Osterrundbrief fand mehr Echo als je ein Brief zuvor. Allerdings bekam ich auch einige kritische Rückmeldungen. Der spirituelle Weg, den ich lehre, führt mehr und mehr in eine transkonfessionelle Religiosität, womit manche verständlicherweise Schwierigkeiten haben. Darum ist mir Zen so wichtig. Zen hat keine Farbe. Wirkliches Zen kann letztlich keiner Religion zugezählt werden. Zwar ist aus der Lehre Shakyamunis eine Religion geworden so wie aus der Lehre Jesu, aber im Grunde lehrten die großen Weisen der Menschheitsgeschichte nur einen Weg in die Realisation der Wirklichkeit. Erfahrung ist immer Urerfahrung und passt oft nicht in die festgelegten Normen, die eine Religion im Laufe der Zeit entwickelt hat. Das trifft für den Buddhismus genau so zu wie für das Christentum. „Transkonfessionell" nenne ich einen spirituellen Weg, der in die Erfahrung dessen führen soll, was die heiligen Bücher und Lehrsysteme verkünden. Vor allem soll damit auch denen ein spiritueller Weg eröffnet werden, die nicht getauft sind oder sich keiner Konfession (mehr) zuzählen. Darunter sind tiefreligiöse Menschen, die in unserer Gesellschaft immer zahlreicher werden. In diesen spirituellen Wegen sehe ich die Religiosität der Zukunft. Es gibt Grundzüge des Übens und auch des Erkennens, die allen Religionen gemeinsam sind. Diese Grundzüge zu erforschen und konfessionsfrei zu vermitteln ist mein großes Anliegen.

Seit der Mensch denken kann, ringt er um die Verankerung seiner Existenz in der Transzendenz. Es gab immer den Versuch, diese rational zu begreifen. Aber ein solches Bemühen blieb unbefriedigend. Vorläufer in allen Kulturen und Religionen, weise Menschen, fanden Wege, um Transzendenz als Welt-Immanenz zu erleben. So entstanden die mystischen Erkenntniswege, die sich in allen Religionen finden: Im Hinduismus sind es die verschiedenen Formen des höheren Yoga, im Buddhismus Vipassana, Zen und das tibetische Dzogschen, im Islam der Sufismus, im Judentum Kabbala und im Christentum Kontemplation und Mystik. Sie sind das wesentliche Element jeder Religion. Religiöse Erfahrung ist die wichtigste Quelle. Versiegt diese Quelle, fehlt einer Religion die Kraft zur Erneuerung und Anpassung an die Anforderungen der Zeit. Hinduismus und Buddhismus brauchen keine Institution, die vorschreibt, was man glauben muss. Sie orientieren sich immer wieder an dieser mystischen Quelle, aus der ihre Weisen schöpften und schöpfen. Allerdings gibt es in diesen Religionen ebenso viele religiöse Randbezirke, die mit Erfahrung nichts zu tun haben.

Das kommende Jahrhundert zeichnet sich ab als ein „Jahrhundert der Metaphysik". Menschen suchen intensiver als je zuvor auch nach der Erfahrung dessen, was ihre Religion in Dogmen und Riten aussagt. Sie möchten in die Urerfahrung ihrer so genannten Stifter vordringen. Es gehört zur Ironie der Geschichte, dass gerade die Naturwissenschaft, die lange Zeit jede Transzendenz abgelehnt hat, diese neu entdeckt. Neben der Naturwissenschaft ist es die transpersonale Psychologie, die den erweiterten Bewusstseinsraum erforscht und Menschen hilft, dort einzutreten. Beide Bereiche haben den transpersonalen (mystischen) Raum entdeckt. Was wir Abendländer seit einigen Jahrtausenden „Gott" nennen, lässt sich nicht eingrenzen in festgelegte Glaubenssätze. Die Offenbarung der Ersten Wirklichkeit geht mit der Entfaltung des menschlichen Bewusstseins weiter.

Wer die Quelle kennt, trinkt nicht aus dem Krug
(Weihnachten 1998)

In diesen Tagen schaute ich mir den neuen Katalog einer großen Buchhandlung an. Der Titel hieß: „Neue Wege zu einem anderen Bewusstsein". Darin waren fast 1500 Titel verzeichnet, die sich mehr oder weniger mit dem Thema Esoterik befassen. Welches Buch soll man sich kaufen, wenn man einen solchen Katalog vor sich hat? Welches enthält wirklich einen Weg ins neue Bewusstsein? Es ging mir wie dem Mönch in einem Koan. Er fragte den Meister in allem Ernst: „Zehn Wege gibt es für Buddhas ins Nirwana. Ich frage mich: Wo ist denn nun *der* Weg?" – „Welcher der zehn Wege ist es denn jetzt?", fragte sich der Mönch. „Schließlich kann ich doch nicht zehn Wege gleichzeitig gehen." 1500 Bücher, die mehr oder weniger den Weg ins neue Bewusstsein versprechen. Welches Buch ist das richtige für mich? Welcher Weg ist der richtige für mich?

Es gibt einen wichtigen Hinweis für den rechten Weg: Ein Buch, das euch nicht zu eurer eigenen Quelle führt, ist kein richtungsweisendes Buch. „Wer die Quelle kennt, trinkt nicht aus dem Krug!" Die Quelle in sich zu finden – nur aus diesem Grunde sollten wir einen Lehrer oder Meister aufsuchen oder auch ein Buch kaufen. Der Mensch ist geneigt, sein Heil von einem anderen zu erwarten. Vielleicht ist da doch noch jemand, der es für mich macht, hofft er. So verehrt man Buddha und Jesus und hängt sich an ihre Rockzipfel, statt ihren Wegen zu folgen, um ihre Erfahrung zu machen. Ein spiritueller Lehrer, der euch nicht den Weg zu euch selber weist, ist ein Scharlatan. Ihr findet alles in euerer eigenen Tiefe. „Alle Wesen haben die Buddha-Natur", erkannte Shakyamuni am Morgen seiner Erleuchtung. „Das Reich Gottes ist in euch", sagte Jesus. Shakyamuni hat keinen Unterschied zwischen sich und den anderen Geschöpfen gemacht. Auch Jesus hat sich nicht über die anderen Menschen gestellt. Im apokryphen Thomas-Evangelium sagt Jesus zu Thomas: „Ich bin nicht dein Meister. Denn auch du hast getrunken und bist trunken von der sprudelnden Quelle" (TE, 13). Wir haben alle von dieser sprudelnden Quelle getrunken, die wir „Gott" nennen oder „Leerheit". Alle Formen, alle Geschöpfe sind in gleicher Weise Manifestation dieser Ersten Wirklichkeit. Wir haben es nur zu erfahren. Es gibt ein geflügeltes Wort: „Wasser am Fluss verkaufen." Es bedeutet, dass der Meister knietief im Wasser eines Flusses steht und den Menschen Wasser verkauft. Sie könnten es selber aus dem Fluss schöpfen, aber sie bezahlen lieber Geld und lassen sich das Wasser verkaufen. Sie getrauen sich nicht, selber zu schöpfen. Sie glauben nicht an die Einzigartigkeit ihres wahren Wesens, das sich ohne Unterschied in allen und allem offenbart. Ihr kennt die wunderbaren Verse von Rumi, die wir manchmal rezitieren: „Ich habe die ganze Welt auf der Suche nach Gott durchwandert und ihn nirgendwo gefunden. Als ich wieder nach Hause kam, sah ich ihn an der Türe meines Herzens stehen, und er sprach: ‚Hier warte ich auf dich seit Ewigkeiten'. Da bin ich mit ihm ins Haus gegangen." Oder die Verse von Kabir: „Ich lache, wenn ich höre, dass den Fisch dürstet im Wasser. Du siehst nicht, dass zu Hause die Wirklichkeit ist."

Religion muss in der Tiefe unseres Seins aufkeimen und nicht aus einer Ideologie. Unser wahres Wesen soll zum Durchbruch kommen. Wir sollen erkennen, was wir schon längst sind. Ein Meister fragte seinen Schüler: „Wie steht es denn mit deiner Auffassung von Wirklichkeit?" Der Schüler meinte: „Es ist, wie wenn ein gemeiner Soldat zum General befördert wird." Der Meister rügt ihn und sagt: „Schon so lange bist du bei mir und redest immer noch solchen Unsinn." „Wie ist es denn bei dir, Meister", fragte der Schüler. Der Meister antwortete: „Der Prinz eines hohen Hauses stieg für einige Zeit herunter und nahm diese Form an." Der Schüler war der Ansicht, man könne etwas werden, man könne aufsteigen. Der Meister sagt ihm klar: „Du bist etwas von Anfang an. Du musst nur erkennen, was und wer du bist." Das ist der Grund, warum wir Zen oder Kontemplation machen. Wir sind nicht Menschen, die eine spirituelle Erfahrung machen, wir sind Bewusstsein, das diese menschliche Erfahrung macht. Was wir sind, können wir nicht werden. Eckehart drückt das in einer Predigt so aus: „Die Leute sagen oft zu mir: ‚Bittet für mich!' Dann denke ich: ‚Warum geht ihr aus? Warum bleibt ihr nicht in euch selbst und greift in euer eigenes Gut? Ihr tragt doch alle Wahrheit wesenhaft in euch'" (Predigt 6, S. 181). – Greift in euer eigenes Gut. Habt Vertrauen in euer wahres Wesen. Greift in euer eigenes wahres Wesen. Das wünsche ich euch.

Hier- und Jetztsein
(Ostern 1999)

In den letzten Wochen ging mir immer wieder die Frage durch den Kopf: Warum widme ich den spirituellen Wegen Zen und Kontemplation und den Menschen, die diesen Weg gehen, so viel Zeit? Schließlich bin ich in diesen Tagen 74 geworden und könnte mich schon längst zur Ruhe setzen. Noch scheint die Zeit nicht gekommen zu sein. Noch möchte ich allen helfen, die brennende Frage zu klären, mit der ich schon so oft meine Kurse begonnen habe: Warum bin ich hier auf diesem absolut unbedeutenden Staubkorn, dem wir den Namen Erde gegeben haben? Warum bin ich gerade jetzt hier? Was ist der Sinn meines Lebens? Im Zen-Sesshin hören wir diese Frage jeden Abend zum Brett[8]: „Immer geht es um Leben und Tod" – oder, wie es in dem Text heißt, den Dogen Senji im 13. Jahrhundert über das Tor des Tempels in Eiheiji schreiben ließ: „Allein jene, die sich für die

---

[8] Die Tage eines Zen-Sesshins enden stets mit dem rituellen Schlagen eines Brettes. (Anm. der Herausgeber)

Probleme des Lebens und des Todes interessieren, dürfen hier eintreten. Jene, die nicht zur Gänze von diesem Problem betroffen sind, haben gar keinen Grund, durch dieses Tor zu gehen" (Holztafel aus dem 13. Jahrhundert).

Die Antwort ist für mich einfach und klar: Ich habe ganz Mensch zu sein. Das ist alles! Diese Erste Wirklichkeit, die wir „Gottheit", „Leerheit", „Brahman" nennen und die am Ende mit all diesen Worten doch nicht erreicht werden kann, hat keine andere Tendenz, als sich in unserem Menschsein auszudrücken. Und nur in unserem Menschsein können wir in Kontakt mit ihr stehen. Sie manifestiert sich im Gras als Gras, im Baum als Baum und im Menschen als Mensch. Sie spiegelt sich in allem wider, was Form hat, sei es materiell, psychisch oder geistig. Wir brauchen nicht heilig zu werden oder sonst etwas Besonderes zu sein, wir haben nur Mensch zu werden mit der Entfaltung aller Potenzen, die uns gegeben sind. Wir sollen uns daher auch annehmen, so wie wir sind und immer wieder versuchen, im „Hier- und Jetzt-Sein" in die Kommunikation einzutreten, bis dieses Fundament der Einheit durchgehend bleibt. Wo das geschieht, haben wir unser wahres Wesen zu erfahren, das uns allein die Sinnfrage beantwortet.

Ihr kennt die Geschichte vom alten Rabbi Sussja: Vor dem Ende sprach er: „In der kommenden Welt wird man mich nicht fragen: ‚Warum bist du nicht Mose gewesen?' Man wird mich fragen: ‚Warum bist du nicht Sussja gewesen?'" – Warum sind wir nicht das, was wir sind, und zwar ganz, einschließlich unserer Schattenseiten und Gebrechlichkeiten? Das setzt voraus, dass wir so auch mit den anderen umgehen und ihnen ihr Sosein lassen.

Individualität hat selbstverständlich auch ihre Grenzen. Wer in einer Gemeinschaft lebt, muss wohl oder übel die Balance finden zwischen den beiden Polen Individuum und Gemeinschaft. Erhellend hierfür ist der von der Naturwissenschaft geprägte Begriff „Holon". Ein Holon ist auf der einen Seite ein Ganzes und auf der andren Seite ein Teil eines Größeren. So ist zum Beipiel ein Atom ein Holon, aber auch ein Teil von einem Ganzen, dem

Molekül. Ein Molekül ist Teil einer Zelle und die Zelle ist wiederum Teil eines größeren Organismus. Nichts ist ausschließlich ein Teil oder ausschließlich ein Ganzes. Es gibt nichts, was entweder das eine oder das andere wäre. Ein Holon ist wie die Masche eines Netzes. Eine Masche ist eine in sich geschlossene Einheit, aber sie kann allein nicht existieren. Sie kann nur mit anderen Maschen zusammen existieren. Jedes Holon muss seine Identität wahren und muss zum größeren Ganzen hin offen sein. Es hat daher zwei Tendenzen: Es muss sowohl für seine Ganzheit wie auch für sein Teilsein einstehen. Ein Holon muss also seine Identität aufrechterhalten, sonst verschwindet es, es muss aber auch seine Beziehung zum Ganzen wahren. Je mehr es zu einer Seite neigt, um so stärker verliert es die andere Seite. So sind wir als Menschen ein unverwechselbares Holon und haben „Ja" zu uns zu sagen. Unsere Einmaligkeit ist wichtig für das ganze Gewebe, das aus vielen Maschen besteht.

Es fällt uns schwer, das so anzunehmen. Es ist uns eingetrichtert worden, dass wir uns bessern müssen, dass wir etwas zu leisten haben, dass wir uns den Himmel verdienen müssen – und so weiter. Aber vor dieser Ersten Wirklichkeit ist nicht unsere Leistung gefragt, sondern unser Sein. Manche von euch kennen das Koan, in dem ein Schüler den Meister Hogen fragt: „Ich, Echo, frage euch, Meister: Was ist Buddha?" Hogen rief: „Du bist Echo." Das heißt: Was suchst du denn noch, da ist es doch schon. Oder diese andere Geschichte, in der ein Mönch den Meister fragt: „Ich, Seizei, bin einsam und arm. Ich bitte euch, Meister, helft mir, weiterzukommen." Der Meister sagte: „Ehrwürdiger Zei!" – „Ja, Meister", antwortete Zei. – „Drei Schalen von dem besten Wein hast du schon getrunken. Und dennoch sagst du, deine Lippen seien noch nicht angefeuchtet." Wir sind trunken vom Sein. Das ist unser wahres Wesen.

Auf dieser Ebene sind wir etwas und brauchen nichts zu werden. Mensch zu sein, ist unsere eigentliche Bestimmung, wie es die Bestimmung des Baumes ist, Baum zu sein.

Christlich ausgedrückt: Wir sind nach dem Bild Gottes erschaffen und sollen Gott als dieses Abbild leben. Es ist nicht unser Leben, das wir leben, sondern Gottes Leben. Eckehart würde sagen: „Was schadet es dir, wenn du Gott vergönnst, dass Gott Gott in dir sei?" Wer das erfährt, weiß sich eins mit allen Wesen und wird sich entsprechend verhalten. Er erfährt sich als Holon eingebettet in das Ganze und Eine und weiß sich für sich und das Ganze verantwortlich. Das ist unsere Berufung: ganz Mensch sein, und das heißt: ganz Gott sein. Aber wer so spricht, spricht nicht aus seinem Ego, sondern aus seinem wahren Wesen heraus. Er weiß dann, warum er für ein paar Jahrzehnte auf diesem Planeten herumläuft. Was wir Gott nennen, „läuft" auf diesem Planeten herum. So haben die Weisen unserer Erde sich verstanden und so haben sie gelebt: Mose, Shakyamuni Buddha, Jesus Christus. Das ist es, was Nachfolge eigentlich bedeutet: Ein anderer Buddha, ein anderer Christus, ein anderer Krishna zu werden. – Ich weiß freilich, dass hier die Frage nach dem so genannten Bösen in dieser Welt gestellt zu werden pflegt.

Diese Zeilen schreibe ich in der Karwoche, während im Kosovo Menschen niedergemacht werden und die menschliche Bosheit sich in ihrer grauenhaftesten Weise zeigt. Was hat das oben Gesagte angesichts dieses furchtbaren Geschehens noch für einen Sinn? Wo bleibt das Gewissen? Gewissen scheint mir nichts anderes zu sein als eine Kraft, die unsere Verbundenheit mit dem Ganzen aufrechterhält. Es ist eine starke innere Tendenz zum Ganzen und Einen hin. Diese einende Kraft gehört zum Wesen der Evolution. Sie ist ein lebenserhaltender Faktor im Evolutionsprozess. Sie hilft die Spaltung zwischen Subjekt und Objekt überwinden und ermöglicht das Entstehen größere Organismen und Gemeinschaften. Nur in der Überwindung des Dualen und im Erleben der Einheit werden wir die Entfremdung zurücklassen und uns als eins erfahren. Es ist ein lebenserhaltender „Trieb"; eine elementare Kraft, die Religionen von alters her Liebe nannten. Wer sich gegen diesen lebenserhaltenden „Trieb" Liebe vergeht, gefährdet das Ganze. Er wendet sich gegen die Grundstruktur des evolutionären Geschehens selber, also gegen das göttliche Urprinzip.

Charon, ein französischer Naturwissenschaftler und Nobelpreisträger, nennt diesen Trieb, diese Tendenz die „Finalität des Atoms". Es ist eine Finalität, die ständig zum Größeren hindrängt. Er scheut sich nicht, diese Finalität „Liebe" zu nennen. Selbst ein Atom hat bereits die Tendenz, sich zum Molekül hin zu öffnen. Jedes Holon hat eine Tendenz zum größeren Holon. Die Evolution drängt zur Selbsttranszendenz. Liebe ist die Grundhaltung des Universums – nicht Liebe als Gebot, sondern Liebe als Einheitserfahrung. Wer sich nicht öffnen kann zum anderen hin, bleibt verkrüppelt und kann nicht wachsen. Wer sich der Selbsttranszendenz verschließt, geht unter.

Dieser Untergang enthält das Mysterium dessen, was wir „böse" oder „Sünde" nennen. Es ist die Verweigerung der Selbsttranszendenz, das heißt die Verweigerung, das Ego zu überschreiten. Wenn wir in die Evolution des Kosmos hineinschauen, dann bedeutet Mangel an Selbsttranszendenz – sei sie verschuldet oder unverschuldet – die Ursache für den Untergang. Von der Naturwissenschaft wissen wir, dass ein geschlossenes System jämmerlich in sich zugrunde geht. Die Krebszelle im Organismus, aber auch ein repressives Ego, das die Persönlichkeit dominiert, der Diktator, der ein soziales System aufzwingt, eine absolutgesetzte Ideologie oder Religion, zerstören die menschliche Gemeinschaft. Ein Organismus ist nicht ein Haufen von Zellen, sondern ein Ganzes. Der Organismus enthält die Essenz der kleineren Holons, aber er hat noch etwas Besonderes, was das einzelne Holon nicht besitzt. Ein Ganzes transzendiert die Teile und schließt sie gleichzeitig zu einem Größeren zusammen. Das ist die Grundaussage aller spirituellen Wege. Nur wer liebt, wird überleben. Ich bin fest überzeugt, dass sich alles, was wir „böse" nennen, selbst ad absurdum führt. Es verstößt gegen das Grundprinzip der Evolution, gegen die Liebe.

Bleibt wachsam
(Sommer 1999)

Ihr habt sicher von den kritischen Büchern über Zen und Buddhismus erfahren. Buddhismus und Zen sind durch drei Bücher in die Schlagzeilen geraten[9]. Lange glaubte man, Buddhismus habe in Kriegen und Auseinandersetzungen keine Rolle gespielt. Leider war dem nicht so. Die Frage nach der Ethik im Zen ist dadurch neu aufgebrochen. Aber letztlich geht es nicht nur um Zen und Ethik, sondern um die Frage: Woher kommt alle Ethik, die Ethik des Christentums und der Mystik nicht ausgeschlossen.

Alle Mystik der Welt steht auf zwei Säulen: Erkenntnis und Liebe oder, wie sie in der östlichen Mystik meist genannt werden, Weisheit und Mitgefühl. Jede wirklich tiefe mystische Erfahrung führt in eine große Offenheit und Toleranz zu allen Lebewesen und zu einer allumfassenden Liebe. Liebe kommt aus der Erfahrung der „leeren Einheit". Manche meinen, der Begriff der Leerheit im Zen lasse keine Liebe zu, aber es ist die Erfahrung der Leerheit, aus der die Liebe kommt. Leerheit ist das konstituierende Element der Einheitserfahrung und damit der Hinwendung zu allen Wesen. Wer sich mit allen Wesen als Eins erfährt, spürt auch den Schmerz und die Freude der anderen als den eigenen Schmerz und die eigene Freude.

Im Kapitel des Vimalakirti-Sutra steht ein Text, den man mit dem „Hohen Lied der Liebe" des Paulus gleichsetzen kann. Vimalakirti ist die Personifikation der Barmherzigkeit im Zen. Er erklärt Manjusri, der Symbolfigur der Weisheit: „So wie ich den Dharma in mir verwirklicht habe, so möchte ich ihn auch allen Wesen lehren. Damit erzeugt er Liebe, die wahrlich eine Zuflucht für alle Lebewesen ist; eine Liebe, die frei ist vom Besitzergreifen; Liebe, die nicht fieberhaft ist, weil sie frei von unreinen Motivationen ist; Liebe, die mit der Wirklichkeit übereinstimmt,

---

[9] Iris Chang: Die Vergewaltigung von Nanking, Zürich 1999; Trimondi, Victor und Victoria: Der Schatten des Dalai Lama, Düsseldorf 1999; Brian Victoria: Zen, Nationalismus und Krieg, Theseus Verlag.

weil sie in allen drei Zeiten gleichbleibend ist; Liebe, die konfliktfrei ist, denn sie ist frei von Gewalt, die mit Leidenschaften verbunden ist; Liebe, die in sich Nicht-Zwei ist, denn sie ist weder in das Äußere noch in das Innere verstrickt; Liebe, die unerschütterlich ist, weil sie unbedingt ist. Damit erzeugt er Liebe, die fest und von unzerbrechlicher Entschlossenheit ist wie ein Diamant; eine Liebe, die rein ist, gereinigt in ihrem innersten Wesen; [...] So, Manjusri, ist die große Liebe eines Bodhisattva."[10]

Was wir Liebe nennen, nennt Zen „Bodhichitta". Bodhichitta ist Erleuchtungsgeist. Dies ist ein zentraler Begriff im Mahayana-Buddhismus. Der Erleuchtungsgeist und die Liebe zu allen Wesen sind nicht verschieden. Das grenzenlose Erbarmen, das vom Vorsatz und Wunsch genährt wird, allen Lebewesen zur Befreiung zu verhelfen, ist aufs Engste mit Erleuchtung verknüpft.

Das erste Gebot im Zen zeigt das deutlich auf: Du sollst nicht töten. Vom Wesensstandpunkt aus gibt es weder Geborenwerden noch Sterben, weder Töten noch Getötet-Werden. Das heißt: Unser wahres Wesen kennt keinen Dualismus. So können sich Töten und Nicht-Töten nicht gegenüberstehen, denn es gibt kein Töten und kein Getötet-Werden. Behält man auch nur den leisesten Gedankenhauch von Töten oder Nicht-Töten, so hat man augenblicklich die Gebote der Wesensnatur verletzt. Jeder Mensch mit einer tiefen mystischen Erfahrung wird dem zustimmen. Je tiefer meine Erfahrung, umso größer mein Mitgefühl, ist eine Grunderfahrung aller Mystik.

In einer Zen-Geschichte sagt Meister En von Tözan: „Sogar Shakyamuni und Maitreya dienen jenem Einen. Sagt mir: ‚Wer ist jener Eine?'" – Dieser Eine ist unser wahres Wesen. Ihm „dienen" wir alle. Das ist die verbindende Kette, die nichts ausschließt. Der Vers des Koans betont dies noch einmal. „Des anderen Bogen spanne nicht. Des anderen Pferd besteige nicht." Es gibt nur einen Bogen, den spannen wir alle. Es gibt nur ein Pferd, das wir alle besteigen. Wer diese Erfahrung macht, findet sich in einer allumfassenden Liebe zu allem und jedem wieder.

---

[10] Michael v. Brück: Weisheit der Leere, Zürich 1989, S. 257.

Rumi, ein Sufimystiker, drückt das in einem Bild aus: „O du, der den Selbstlosen (Erleuchteten) mit dem Schwert durchbohrt, du durchbohrst dich selber damit. Hüte dich! Denn der andere ist ein Spiegel geworden: Nichts ist mehr da, als das Spiegelbild des Gesichts eines anderen. Wenn du darauf spuckst, so spuckst du in dein eigenes Gesicht; und wenn du den Spiegel schlägst, schlägst du dich selbst. Und wenn du ein hässliches Gesicht im Spiegel siehst, bist es du; und wenn du Jesus und Maria siehst, bist es du. Er ist weder dies noch das: Er ist rein und frei vom ICH: er hält dir dein Bild vor."[11] – Augustinus bringt es auf eine einfache Formel: „Dilige et fac quod vis!" – „Liebe, und tue was du willst!" Wer wirklich liebt, hat in der Liebe Norm und Grenze. Wenn Jesus sagt: „Liebe deinen Nächsten wie dich selbst", meint er genau diese Liebe, die „Mein" und „Dein" vergessen hat.

Mitgefühl und Liebe sind die bewegende Kraft des Universums. Abgrenzung, Feindschaft, Hass, Krieg sind zuerst Mangel an Erkenntnis. Wer erkennt, wer er wirklich ist, erfährt alles Leid und alle Freude als das eigene Leid und die eigene Freude. Mystische Erkenntnis mündet in bedingungslose Liebe ein.

Erleuchtung führt zu einem Handeln, das von Mitgefühl getragen ist. Viele erfahren das. Sie spüren physisch den Schmerz der Unterdrückten, Gefolterten und Geschundenen auf dieser Welt wie ihren eigenen Schmerz. Die ethischen Prinzipien, die wir von der Liebe ableiten, sind Überlebensprinzipien des Menschen.

Warum ist das Gesagte bei manchen Zen-Meistern, aber auch bei erleuchteten Meistern anderer Bekenntnisse oft nicht sichtbar? Sie sind durch Elternhaus, Schule, Gesellschaft, Religion konditioniert. Davon konnte sie auch ihre tiefe Erleuchtungserfahrung nicht befreien. Imperialismus, Nationalismus, Rassismus, religiöser Fundamentalismus, rigide Moral werden leider auch durch ein Satori nicht unbedingt beseitigt. Eine große Wachheit innerhalb der Gesellschaft ist nötig, um diesen Fallen zu entgehen. Wer sein ganzes Leben lang durch rassistische und nationalis-

---

[11] Zitiert nach: Nicholson, Rumi Poet and Mystic, S. 87.

tische Parolen indoktriniert worden ist, kann sich davon nicht ohne weiteres befreien. Wer weiß das besser als wir Deutschen? Aber dies entschuldigt niemanden. Nicht das Zen hat versagt, der Mensch hat versagt. Es zeigt nur, dass wir wachsam bleiben müssen. Eine Erleuchtungserfahrung, die nicht im Alltag Relevanz zeigt, ist keine Erfahrung der Wirklichkeit.

Was also haben wir zu lernen?

Erstens: Auch eine Erleuchtung sprengt nicht alle Eingrenzungen der Persönlichkeit. Sie bewahrt den Menschen nicht vor Irrtümern. Wir haben alle wachsam und offen für das zu sein, was in unserer Umgebung passiert, und die Relativität unserer Anschauungen zu erkennen. Ich möchte die Grundübel noch einmal aufzählen: Imperialismus, Nationalismus, Rassismus, religiöser Fundamentalismus, rigorose Moral. Sie haben viel Unheil in der Welt angerichtet. Sie sind die Quelle für Kriege und Unterdrückung. Es ist eigenartig. Viel Leid, das Menschen anderen Menschen antun, kommt aus der Sehnsucht, alles, was wir für böse halten, zu besiegen und zu eliminieren. Der Teufel ist unser Bruder. Ihn zu ertragen und zu erleiden, ist oft besser, als ihn zu bekämpfen. Das heißt letztlich, unseren Schatten zu erkennen und zu integrieren.

Zweitens brauchen wir eine gesunde Skepsis uns selbst gegenüber. Die Erfahrungen auf dem spirituellen Weg lassen uns die Motive unseres Ich sehr gut erkennen. So manches, was wir bis jetzt aus Idealismus getan zu haben meinen, wird als Imagepflege erkannt. Das kann uns zu einer großen Toleranz führen.

Drittens sollten wir uns an niemanden hängen, auch nicht an einen Führer und Begleiter auf dem spirituellen Weg. Begebt euch in keine Abhängigkeit, sondern behaltet immer eine kritische Selbstverantwortung. Auch weise Menschen zeigen individuelle Charaktereigenschaften. Sie können Fehler machen und sich in einer bestimmten Situation täuschen. – In diesen Tagen war das

55. Gedächtnis des Aufstandes gegen Hitler. Einige wenige waren innerlich frei genug, um den Wahnsinn des Nationalsozialismus zu durchschauen und zu handeln. Aber selbst sie waren nicht alle von reiner Menschenliebe getragen. Bei Einzelnen dominierten Machtansprüche und egoistische Interessen.

Viertens: Wenn wir erkennen, dass wir etwas falsch gemacht haben, sollten wir das zugeben und den Mut haben, uns zu entschuldigen.

Fünftens: Lasst euch nicht einschüchtern von einer absolut gesetzten Autorität religiöser Texte – oder von Dogmen, die unter Androhung von Heilsverlust zu glauben sind.

Und nicht zuletzt: Seid auch mir gegenüber skeptisch. Wenn ihr euch von einer transkonfessionellen Spiritualiiät, wie ich sie lehre, nicht angesprochen fühlt, sucht euch einen anderen Begleiter.
    Shakyamuni soll einmal gesagt haben: „Ja, Kalamas, es ist richtig, dass ihr verwirrt seid, weil ein Zweifel in euch aufgestiegen ist. Kalamas, lasst euch nicht leiten von Berichten, Traditionen oder nur vom Hörensagen." Er forderte sogar auf, zuzusehen, ob ihnen seine eigene „Medizin", die er anbietet, hilfreich ist. Sie sollten selber entscheiden und den Weg, den er lehrt, selber ausprobieren. – So haben auch wir uns mit dem Weg, den wir gehen, kritisch auseinander zu setzen. Auch Kritik am Lehrer ist angebracht, wenn es nötig erscheint.
    Der folgende Text, dessen Ursprung mir leider noch niemand sagen konnte, zeigt deutlich, dass Weisheit ohne Liebe keine Erleuchtung ist, sondern ein Irrweg:

Pflicht ohne Liebe macht verdrießlich
Verantwortung ohne Liebe macht rücksichtslos
Gerechtigkeit ohne Liebe macht hart
Wahrheit ohne Liebe macht kritiksüchtig
Erziehung ohne Liebe macht widerspruchsvoll

Klugheit ohne Liebe macht gerissen
Freundlichkeit ohne Liebe macht heuchlerisch
Ordnung ohne Liebe macht kleinlich
Sachkenntnis ohne Liebe macht rechthaberisch
Macht ohne Liebe macht gewalttätig
Ehre ohne Liebe macht hochmütig
Besitz ohne Liebe macht geizig
Glaube ohne Liebe macht fanatisch

Zeit ist wie Ewigkeit und Ewigkeit wie Zeit
(Neujahr 2000)

Das Jahr 2000 steht vor der Tür. Auf der einen Seite hören wir die Kassandrarufe der Weltuntergangspropheten, auf der anderen Seite füllen die Zeitgenossen diesen einmaligen Übergang ins nächste Jahrtausend mit überschwänglicher Erwartung. Sechzehn Milliarden Jahre soll unser Kosmos existieren. Unser Sonnensystem formierte sich vor etwa 4,5 Milliarden Jahren. Das erste Leben auf unserem Planeten erschien vor etwa 600 Millionen Jahren. Der Mensch entwickelte sich vor etwa 2,5 Millionen Jahren aus einer Affenart. Seit 2000 Jahren zählen wir vorwärts und rückwärts.

Zeit ist etwas, was unsere Ratio macht. Zeit entsteht durch das Kommen und Gehen des kosmischen Geschehens. Zeit ist eine Schöpfung unseres Ich. Die Erste Wirklichkeit ist Zeit und Zeitlosigkeit. In dieser Erkenntnis liegt die Lösung vieler Fragen. Da wir aber Zeitlosigkeit nicht denken können, finden wir auch die Lösungen nicht. Dass etwas zeitlos und in der Zeit gleichzeitig sein kann, entzieht sich unserer mentalen Erfahrung. Der Kosmos ist multidimensional, unser Verstand kann nur vier Dimensionen erfassen. Die Evolution ist a-rational oder transrational organisiert, aber wir können uns nur Zeitabläufe vorstellen. Wir kreieren mit Verstand und Sinnen eine eingeschränkte Realität. Zeit gehört dem polaren Bewusstsein an. Unsere Ratio kann nur in Gegensätzen denken: rechts – links, oben – unten.

Wer Licht sagt, braucht als Gegenüber das Dunkel und so weiter. Die mystische Erfahrung transzendiert diese Polarität. Einheit und Zeitlosigkeit zu erfahren, ist der Höhepunkt jeder Mystik. Unser an Raum und Zeit gebundenes Ich-Bewusstsein kann uns nur an die Grenze dieser Erfahrung bringen. Es kann uns nicht hinüberbegleiten. Es ist nicht für die Grenzüberschreitung in die Zeitlosigkeit gemacht. Nur das Loslassen kann uns in das qualitativ „Ganz andere" hinübergleiten lassen.

Die mystische Erfahrung ist nicht eine quantitative Vermehrung unseres kognitiven Erkennens. Sie ist eine ganz neue Dimension und lässt sich empirisch nicht testen, so sehr das die Rationalisten auch möchten. Meister Eckehart spricht an vielen Stellen von dieser Zeitlosigkeit. „Wenn die Seele der Zeit und des Raumes ledig ist, so sendet der Vater seinen Sohn in die Seele." Die Gottesgeburt im Menschen, wie Eckehart diesen Vorgang oft nennt, lässt uns unsere zeitlose Existenzgrundlage erkennen. Er sagt weiter: „Solange der Mensch Zeit und Raum hat und Zahl und Vielheit und Menge, so ist er gar unrecht daran und ist Gott ihm fern und fremd" (Predigt 11, S. 205). „Zeit und Raum sind Stücke, Gott aber ist Eines. Soll daher die Seele Gott erkennen, so muss sie ihn erkennen oberhalb von Zeit und Raum; denn Gott ist weder dies noch das, wie diese (irdischen) mannigfaltige Dinge (es sind): denn Gott ist Eines."–„Alles, was je geschah vor tausend Jahren – der Tag, der vor tausend Jahren war, der ist in der Ewigkeit nicht entfernter als der Zeitpunkt, in dem ich jetzt eben stehe, oder (auch) der Tag, der nach tausend Jahren oder so weit du zählen kannst, kommen wird, der ist in der Ewigkeit nicht entfernter als dieser Zeitpunkt, in dem ich eben jetzt stehe" (Predigt 36, Seite 325). Unsere Ratio, die sich in Raum und Zeit bewegt, ist für diese Erkenntnis nicht zuständig. Sie fühlt sich deswegen sehr gekränkt.

Evolution hat keinen Endzweck und kein Endziel. Aus der Erfahrung der Zeitlosigkeit heraus ergibt sich kein Endzweck. Zeitlosigkeit kennt keinen Punkt Omega. Wenn es einen Punkt Omega gibt, dann ist es dieser Augenblick. Der Endzweck ist in diesem augenblicklichen, kosmischen Geschehen zu suchen, in dem sich die letzte Wirklichkeit realisiert. Kommen und Gehen ist die Struktur dieser Ersten Wirklichkeit, Sterben ebenso wie Geborenwerden.

Ich habe euch schon manchmal die alte Geschichte erzählt, die in verschiedenen Variationen weitergegeben wird. „Eine alte Frau bügelte einen Haufen Wäsche. Da trat der Todesengel zu ihr: ‚Komm, es ist Zeit! Lass uns gehen!' Die Frau sagte: ‚Gut,' aber erst muss ich die Wäsche fertig bügeln. Siehst du das ein?' Der Engel ging. Einige Zeit später kam er wieder. Er traf die Frau, wie sie aus dem Haus ging. Er rief ihr zu: ‚Komm, es ist Zeit!' Die Frau antwortete: ‚Aber erst muss ich ins Altenheim. Da warten Leute auf mich, die von ihrer Familie vergessen sind, kann ich sie denn im Stich lassen?' Der Engel ging. Einige Zeit später kam er wieder und sagte: ‚Es ist Zeit! Komm!' Die Frau antwortete: ‚Ja, ich weiß schon, aber wer bringt meinen Enkel in den Kindergarten, schau doch den Verkehr an.' Der Engel seufzte: ‚Also gut, solange dein Enkel nicht allein gehen kann.' Einige Jahre später saß die Frau am Abend müde am Ofen und dachte: Eigentlich könnte der Engel jetzt kommen; nach all der vielen Arbeit muss die Seligkeit doch recht schön sein. Der Engel kam. Die Frau bat ihn: ‚Bringst du mich jetzt in die ewige Seligkeit?' Der Engel fragte: ‚Und wo, glaubst du, warst du all diese Jahre? Wo glaubst du denn, warst du die ganze Zeit?'"

Der Sinn des Daseins ist hier und jetzt. Die Gegenwart ist das Jetzt Gottes. Die Fülle Gottes, die Fülle des Lebens ist hier und heute und nicht erst morgen. Wenn der Mensch „warum" fragt, vernichtet er den Augenblick und weicht in die Vergangenheit oder Zukunft aus. Er tritt aus der Einheit der Erfahrung in die bipolare Welt der Ratio. Daher ist für Eckehart auch nicht das Werk, das am Ende steht, das Ziel, sondern der schöpferische Prozess selbst. „Ganz so sollte der Mensch stehen, der für die allerhöchste Wahrheit empfänglich werden und darin leben möchte, ohne Vor und ohne Nach, ... ledig und frei göttliche Gaben in diesem NUN neu empfangend" (Predigt 1, S. 155). Eckehart kennt also keinen Endzweck in der Evolution oder der Geschichte, sondern nur einen erkennbaren gegenwärtigen Zweck.

Gott realisiert sich zeitlos, und der Mensch kann in jedem Augenblick in diesem zeitlosen NUN zum Durchbruch dieser Wahrheit gelangen. – Unsterblichkeit darf in der Mystik nicht in Beziehung zu Geborenwerden und Sterben gesetzt werden. Zwischen beiden Polen besteht keine lineare Beziehung. Es ist das „Ungeborene", das erfahren wird.

Dieses Ungeborene ist auch unsterblich. Wer Gott nicht in diesem NUN sucht – meint Eckehart –, der bindet Gott, der da ist, einen Mantel um den Kopf, steckt ihn unter die Bank und macht sich auf, ihn zu suchen: „Denn wer glaubt, Gottes mehr zu erlangen in Innerlichkeit, in Andacht und süßer Verzückung als bei dem Herdfeuer oder in dem Stalle, der tut wie einer, der seinen Gott nähme, ihm einen Mantel um das Haupt wände und ihn dann unter eine Bank schöbe" (Predigt 6, S. 180). Unser Intellekt ist kein adäquates Instrument, um Gott zu begreifen. Wir haben ihn vielmehr im Hier und Jetzt, im Augenblick und in den Dingen zu erfahren. In den Dingen vollzieht sich das Göttliche, da sind wir mitten drin in Gott; denn er ist der „Vollzug der Dinge". Er offenbart sich in ihnen. „Wir sollen in allen Dingen bewusst nach unserem Herrn ausschauen …, dann wird's recht mit den Leuten, und sie ergreifen Gott in allen Dingen gleich, und sie finden von Gott gleich viel in allen Dingen" (Reden der Unterweisung, S. 62 f.). – Darum dichtet Angelus Silesius: „Zeit ist wie Ewigkeit und Ewigkeit wie Zeit, wenn du nur selber nicht machst einen Unterscheid." Und: „Ich selbst bin Ewigkeit, wann ich die Zeit verlasse und mich in Gott und Gott in mich zusammenfasse."

Vergangenheit und Zukunft sind das ewige NUN. Und daher fallen für die Mystik Vergangenheit und Zukunft im „NUN" zusammen. Für sie entsteht die Welt jeden Augenblick neu. „Ich sagte einst, dass Gott die Welt jetzt erschafft …, würden wir sagen, dass Gott die Welt gestern oder morgen erschüfe, so würden wir uns töricht verhalten, Gott erschafft die Welt und die Dinge in einem gegenwärtigen Nun. Und die Zeit, die da vergangen ist vor tausend Jahren, die ist Gott jetzt ebenso gegenwärtig und ebenso nahe wie die Zeit, die jetzt ist" (Predigt 11, S. 206).

Wenn der Verstand ein Lineal anschaut, muss er zwei Seiten betrachten. Eine ist eingeteilt in Maßeinheiten, die andere ist leer. Der Verstand kann immer nur eine Seite begreifen. Aber der Mystiker erfährt das Lineal als Eines und erfährt so beide Seiten als Eines. Raum und Zeit sind die normalen Kategorien des Ich. Wir können nur raum-zeitlich denken, das haben wir als natürliche Begrenzung zu akzeptieren.

Die Weisheit unseres Körpers
(Ostern 2000)

In der jüngsten Nummer der „Herderkorrespondenz", einer Zeitschrift für Gesellschaft und Religion, wird ausgiebig der Verlust der Körperlichkeit in der Liturgie beklagt. Der Beitrag spricht vom Verlust nonverbaler Handlungen und Gesten, der zu einer Entkörperlichung der Religion führe. Der menschliche Körper kommt wieder mehr und mehr in den Blickpunkt. Die große Ausstellung „Körperwelten", die erst Furore machte, führte schließlich zu einem sensationellen Erfolg. Es geht dabei nicht um Schönheitsköniginnen oder Models auf dem Laufsteg. In den letzten Jahren entstand in der Jugend ein neues Körpergefühl, das sich in bis dahin unbekannten sportlichen Disziplinen ausdrückt: von Rollerskating über Snowborden, Drachenfliegen, Tauchen, Mountainbiking bis zu neuen Tänzen und verschiedenen Arten von Erlebnisurlaub. Die religiösen Ausdrucksformen dagegen sind steril geblieben: Man lässt sich berieseln, singt höchstens ein Lied mit. Man ist Statist: mit ein Grund, warum die Jugend nicht mehr im Gottesdienst zu finden ist?

Mehr Körperlichkeit in den Gottesdiensten – wie könnte das aussehen? Die Katholikentage und Kirchentage machen Versuche. In den Gemeinden selber fehlt jedoch die Grundlage. Daher bleibt ein solches Bemühen mehr Show als Anregung zum Mitmachen. Lässt sich das Anliegen „mehr Körperlichkeit" überhaupt zur Jugend und in die Gemeinde bringen? Lässt sich neben dem Erlebnis eines Rockkonzertes so etwas wie eine ruhige Gebärde und eine religiöse Erfahrung in der Gebärde vermitteln? Religionslehrerinnen und -lehrer sagen uns, dass dies möglich ist. Jugendliche sind dankbar, wenn sie Möglichkeiten zum Stillewerden angeboten bekommen, um aus dem aufreizenden Trubel des Alltags herauszukommen. Es geht dabei nicht nur um ein Stillewerden im ruhigen Sitzen, als Konzentrationshilfe in den Schulen, sondern um eine spirituelle Erfahrung durch den Körper und aus dem Körper.

Der Körper ist unser Partner und Freund auf dem spirituellen Weg. Spirituelle Wege setzen im Körper an: der Lotossitz in den östlichen Wegen, der dem Kopf, Nacken, Rücken und den Beinen eine bestimmte Haltung zuweist. Die Mudras der Hände, die als symbolische Gesten eine äußere Haltung mit spirituellen Vorstellungen verbinden. Das gesammelte, achtsame Gehen. Die Asanas des Yoga, Körperhaltungen, die durchlässig machen. Die Tanzdrehungen der Derwische und die Körperbewegungen der Sufis zum Mantra Allah-Hu oder die rak'as (Verneigungen und Niederwerfungen) zeigen die Bedeutung des Körpers im mystischen Gebet. Der Körper ist der Ausgangspunkt, er ist gleichsam das Gefäß, in dem die Begegnung mit der göttlichen Wirklichkeit gefasst ist. Ich möchte das noch provozierender sagen: Der Körper steht unserem wahren Selbst näher als der Gedanke. Der Gedanke grenzt ein, der Körper öffnet für umfassendere Bewusstseinserfahrungen. Das allerdings wird nur der bejahen können, der es erfahren hat.

Im Christentum ging die Bedeutung des Leibes im spirituellen Leben leider verloren. Der Leib wurde eher als Hindernis angesehen. Er musste durch Askese gezüchtigt und dienstbar gemacht werden. Eckehart wendet sich streng gegen diese äußeren Züchtigungen wie Wachen, Fasten und Kasteiungen, wenn sie aus dem Ich kommen (Predigt 2, S. 160). Franz von Assisi fand erst sehr spät das Wort vom „Bruder Leib". Lange war er für ihn nur der „Bruder Esel". Von Dominikus allerdings wissen wir, dass er „leibhaftig" gebetet hat. Von ihm gibt es in einem katalanischen Kodex eine Reihe von Gebetshaltungen, die zeigen, dass der Körper ins Gebet einbezogen war. Seit einiger Zeit versuchen wir mit Gebetsgebärden und Tanz, die vor allem Guido Joos und Beatrice Grimm ins Haus St. Benedikt gebracht haben, aber auch durch Taiji und Qigong, den Körper in unsere spirituellen Übungen einzubeziehen.

Der Körper steht unserem Inneren näher als der Verstand. Das ist für viele ein provozierender Satz, aber jeder, der in einer kontemplativen Praxis steht, wird das unterschreiben. Es geht also nicht um eine theoretische Vermittlung von religiösen Wahrheiten oder um ethische Unterweisung. Es geht um den Versuch, über mehr Körperbewusstsein zu den Dingen selber zu führen und so in eine andere Grundbefindlichkeit im Leben zu kommen, um anders in der Welt zu sein. Man könnte auch sagen, es geht um eine ergänzende Form von Religiosität. Wir haben das Leben unterteilt in Gottesdienst und Gebet auf der einen Seite und in eine säkulare Welt auf der anderen Seite: Arbeit hier, Freizeit dort; Sonntag hier, Werktag dort; Kirche hier, Welt dort. Die Entfaltung der Spiritualität darf nicht bei Lob, Dank- und Bittgebeten stehen bleiben. Sie soll im Alltag erfahrbar werden.

Religion ist Alltag. Diese Erste Wirklichkeit wird von den Christen „Gottheit" oder „Gott" genannt, von den östlichen Religionen „Leerheit". Immer geht es um etwas Hintergründiges, das in der Form erfahrbar wird. Die Evolution erscheint mir als eine gewaltige Symphonie. All die Abermilliarden Formen sind ganz individuelle Noten. Ihr wahres Wesen ist aber nicht die Note, sondern die Musik, die in der Note erklingen will. So ist unser Körper eine ganz individuelle, unverwechselbare, kostbare Note. Seine Aufgabe ist es, als die göttliche Musik zu erklingen. Unser wahres Wesen ist Musik. Unser wahres Wesen ist Gottes Leben.

Dieses Begreifen auch in den Alltag und in die „säkulare" Erlebniswelt zu bringen, ist das eigentliche Ziel des kontemplativen Körpergebetes. Wenn die Erlebnisfähigkeit in diesen einfachen Formen der Gebärden, des Schreitens, des Tönens geschult wird, lässt sie sich auch in den Alltag hineintragen. Die Zeiten, in denen der Mensch nur in der Kirche religiös war, sind vorbei. Religion ist Alltag. Die spirituelle Dimension des Körpers könnte so in unserem Leben ihre wahre Bedeutung erhalten.

Rückkehr in die Ganzheit. Die Biologie sagt uns, dass die Information für den ganzen Menschen in jeder einzelnen Zelle zu finden ist. (Das Gesetz „pars pro toto" wird damit bestätigt.) Aus der Euterzelle eines Schafes hat man ein neues Schaf geklont. Die Physik bestätigt uns das Gleiche im Hologramm. In jedem kleinsten Bildabschnitt ist das ganze Bild enthalten. Der Mensch ist eine Einheit von Leib, Seele und Geist. Es ist möglich, durch das Bewusstwerden unserer Zellen in den transpersonalen Raum vorzudringen, wo wir uns als Einheit erfahren. Die Unterteilung in Körper, Psyche und Geist fällt weg. Dass wir den Menschen überhaupt so einteilen, ist bereits ein Ergebnis des Denkens und nicht des Erfahrens. Erfahren können wir uns immer nur als Ganzes. Denken können wir uns als „Dreiheit". Eins sind wir dann, wenn unser tiefstes Wesen in Leib, Seele und Geist transparent geworden ist. Das Maß der Durchlässigkeit bekundet das Maß der Reife. Ein Mensch, der kerngesund und fit ist, muss noch lange nicht durchlässig sein für sein tiefstes Wesen.

Die Weisheit unseres Körpers. Der Mensch ist umso klarer, je mehr sein Innerstes durch Seele und Körper scheint. Es gilt, die Weisheit unseres tiefsten Wesens zu entdecken, die auch in unserem Körper gespeichert ist. Dieses unser tiefstes Wesen ist die göttliche Dynamik selbst. Aufgabe der Gebärden ist es, den Menschen in Bewegung zu setzen und nach oben und nach unten in eine pulsierende Einheit zu führen. – Eckehart konnte daher predigen: „Darum sagen unsere Meister der Naturlehre, der Leib sei viel mehr in der Seele als die Seele im Leibe: So wie das Fass mehr den Wein enthält als der Wein das Fass, so hält die Seele den Leib mehr in sich als der Leib die Seele" (Predigt 17, S. 230).

Wir sind Bewusstsein, das sich in dieser personalen Struktur ausdrückt. Es gibt eine seelisch-geistige Kraft, die wir spirituelle Kraft nennen. Es ist eine dynamische, zielgerichtete Energie, die keine materiellen Strukturen hat, die vielmehr erst Strukturen kreiert. Wir sind nicht materielle Körper, die Geist haben, wir sind Bewusstsein, das sich in uns eine materielle Struktur geschaffen hat. Wir sind göttliches Leben, das sich in uns als

Mensch inkarniert hat, das sich im Baum als Baum und im Tier als Tier manifestiert. Wir sind eine Inkarnation Gottes, eine Epiphanie Gottes. Gott kreiert sich und vollzieht sich als dieses Universum. Er ist das Innerste. In Gebärden, im kontemplativen Tanz, im Tönen, Gehen und Wallfahren versuchen wir, eine Kraft zu befreien, die aus der Enge der anerzogenen und übernommenen Muster befreit, in die uns Gene, Familie, Gesellschaft, Staat und Religion hineingezwängt haben. Werte müssen unter gewandelten Verhältnissen neu betrachtet werden. Oft muss der ganze Ramsch und Unrat einer missglückten Erziehung (auch der religiösen) aufgearbeitet werden. Hält der Mensch auf dem Weg der Kontemplation aus, führt diese psychospirituelle Kraft in einen Erneuerungsprozess, den die spirituellen Wege „Metanoia" – Umkehr, Verwandlung, Sterben und Auferstehen – genannt haben.

Auferstehung des Leibes. Wir feiern an Ostern die Auferstehung des Leibes. Hier und jetzt findet sie statt, nicht am Ende der Zeiten. Hier und jetzt geschieht sie, in diesem unserem Körper, mag er uns manchmal noch so gebrechlich und erbärmlich erscheinen.

Was sind wir zuinnerst?
(Sommer 2000)

Von den Nachrichten der letzten Wochen sind mir einige Worte im Gedächtnis geblieben: Genom-Entschlüsselung – Wir wissen alles über uns – Zweite Schöpfung – Designer-Baby im Anmarsch – Anthropotechnik – pränatale Selektion – Kind auf Vorbestellung nach persönlichem Wunschkatalog – und das natürlich erhältlich im Internet, so wie Autos, Kleider und Lebensmittel. Utopie oder Wirklichkeit?

Vieles, was heute noch utopisch ist, wird kommen. Wir sollten uns auch von Utopien nicht abschrecken lassen, denn darunter war erfahrungsgemäß immer auch viel Gutes. Aber leider missbrauchte der Mensch bis jetzt alle seine Erfindungen und Errungenschaften, angefangen vom Rad bis zur Nukleartechnik und zur Elektronik. Er wird auch seine Gen-Kenntnisse missbrauchen. Aber das soll uns nicht hindern, positiv mitzugestalten. Wir haben den Auftrag, die Zukunft zu entwerfen. Aber – und darauf kommt es mir an – wir brauchen neben der physikalischen und wirtschaftlichen Dimension die spirituelle. Denn nur dann wird Zukunft wirklich gelingen.

Vielleicht habt Ihr die Rede von Peter Sloterdijk gelesen: „Regeln für den Menschenpark"[12]. Es geht darin um die Frage nach dem Humanum, um das, was den Menschen zum Menschen macht. Es ist eine Abrechnung mit dem Humanismus, der es nicht geschafft hat, aus dem Menschen ein Wesen zu machen, das den hohen Ansprüchen gerecht wird, die er selber gesetzt hatte. Die „großen Erzieher", Priester und Lehrer, schafften es nicht, den Menschen zu verändern. Das ist keine Schuldzuweisung, sondern eher eine Ohnmachtserklärung. Weder die Religionen noch der Marxismus oder der Existentialismus konnten aus dem Menschen ein besseres Wesen machen. Der Humanismus in seiner antiken, christlichen und aufklärerischen Form hat den Menschen nicht wesentlich vorangebracht. Man weiß nicht mehr, wo die Menschheit ihre Grundlage für eine Werteordnung hernehmen soll. Nach Stalin, Hitler, Mao, Pol Pot – und das sind nur die herausstechenden Namen, um die sich jeweils menschenverachtende Gruppen gesellt haben – sind wir ratlos. Stammeskämpfe in Afrika, die Verarmung vieler Menschen in Lateinamerika, der Anstieg der Kriminalität auf der ganzen Welt zwingen zur Frage nach den Grundlagen für eine Hominisierung des Menschen. Angesichts eines so ungeheuerlichen Versagens im 20. Jahrhundert, dem Jahrhundert des Schreckens, geht die bange Frage nach einer Werteordnung um. Unsere Ratio scheint durch einen entsetzlichen Egozentrismus verdorben.

Vielleicht hat Nietzsche doch recht, wenn er von der „Kleinzüchtung" des Menschen spricht. In „Also sprach Zarathustra"

---

[12] Peter Sloterdijk: Regeln für den Menschenpark, Frankfurt 1999; Vgl. auch: Sphären 1, Frankfurt 1998 und (Hg.): Weltrevolution der Seele, Zürich 1993.

vergleicht er die Jugendzeit – wir dürfen das auf unser ganzes Leben ausdehnen – mit einem Kamel. Es geht geduldig auf die Knie und lässt sich beladen. Dann steht es schwankend auf und trägt seine Last in die Wüste. Dort verwandelt es sich in einen Löwen. Je mehr es geschleppt hat, um so stärker ist der Löwe. Und dann hat der Löwe einen Drachen zu töten. Der Name des Drachen ist – „Du sollst!" Wenn dieser Drache getötet ist, verwandelt sich der Löwe in ein Kind, das sich zu dem entwickelt, was es zuinnerst ist.[13]

Was sind wir zuinnerst? Auf diese Frage versucht die Mystik des Ostens und Westens eine Antwort zu geben. Unser göttliches Innerstes zu entfalten, ist ihr Ziel. Sloterdijk findet die Lösung in weisen Menschen, die noch die himmlische Schau besitzen, wie der Mensch sein könnte – wie er gemeint ist. Doch diese Weisen gibt es nicht mehr, klagt er. Nur postlagernde Briefe existieren noch, abgeschickt von Autoren, die wir nicht mehr kennen. Briefe, die leider nicht mehr zugestellt werden, Botschaften in den zeitlosen Archiven versunken. Vielleicht müssten wir in den Archivkellern recherchieren. Unser wahres Wesen schickt gleichsam Briefe an Menschen, die dafür empfänglich sind. So jedenfalls verstehe ich Sloterdijk. Ich kenne seine Bücher, in denen er immer wieder auf Metaphysik und Mystik zurückkommt. Wir verhalten uns wie die Braut in der Geschichte, in der ein junger Mann seiner Geliebten, die weit entfernt wohnte, jede Woche einen Brief schreibt. Er verspricht ihr darin die Hochzeit. Eines Tages schreibt sie ihm zurück, sie werde den Postboten heiraten.

Wir haben den Postboten, den Verstand, geheiratet. Alle Heiligen Schriften, Dogmen und Rituale sind nur Boten, die uns zum Wesentlichen führen sollen, zur Erfahrung der Ersten Wirklichkeit. Sie sind nicht die Wirklichkeit selbst. Die Wirklichkeit selbst, das ist unser wahres Wesen. Wesensnatur, Leerheit, Gott, Gottheit, Brahman, Allah. Dort finden wir Potenzen, die wir als

---

[13] Friedrich Nietzsche: Also sprach Zarathustra, in: Ders.: Kritische Studienausgabe Bd. IV, hg. von Giorgio Colli und Mazzino Montinari, München 1988, S. 29–31.

Spezies noch nicht erschlossen haben. Die Briefe liegen in den Archiven Gottes, in unserem Innersten. Diese Briefe sind immer da, aber sie sind mit dem Verstand nicht lesbar. Wer sie lesen will, muss den Mut haben, über seine Ich-Grenzen hinauszugehen. Dabei bedarf es einer Bewusstseinserweiterung.

Zurück zu den Genen: Diese Bewusstseinserweiterung bringt physische und psychische Veränderungen mit sich und führt zu einer Transformation des Bewusstseins, die dann im Laufe der Zeit auch die Gene verändern kann. Auch die Gene sind nicht stabil, wie wir gehört haben. Aber wir beherbergen in uns eine starke Resistenz gegen jedwede Veränderung. Es widerstrebt uns, die Sichtweisen unseres Denkens loszulassen. Das käme einem Strukturwandel unseres Denkens gleich. Wir würden dann andere Bilder und andere Metaphern verwenden, was alleine vielleicht noch nicht so schwer wäre – wirklich schwierig wird es, wenn eine tiefe Erfahrung die Grundstrukturen unseres Erfassens verändert. Das ist, als ob einem der Boden unter den Füßen weggezogen würde, eine unzumutbare Forderung. Sie macht Angst. Also bleibt man lieber in seinem systeminternen (Glaubens)Gehäuse. Doch die Evolution lässt uns keine Ruhe. Wenn die ursprüngliche Stabilität nur geringfügig erschüttert wird, vollzieht sie eine Neuorganisation. So lehrt es wenigstens die Naturwissenschaft. Es entsteht dann unausweichlich die Tendenz zur transformatorischen Veränderung.

Solch eine „geringfügige Erschütterung" bringt auch der Weg der Kontemplation und des Zen. Das jedenfalls erfahre ich immer wieder an mir und an anderen, die mystische Erfahrungen machen. Sie bringt die notwendige Wandlung in unser Leben und – ich bin fest überzeugt – im Laufe der Zeit auch in unseren Genen.

Mystik will also viel mehr als schöne Erlebnisse. Sie bringt eine Transformation des Bewusstseins. Und nur von daher entfaltet sich eine Werteordnung, auf der wir eine menschliche Gesellschaft begründen können. Denn jeder echte spirituelle Weg mündet in die Erfahrung der Einheit aller Wesen, in die Erfahrung grenzenloser Liebe. Der Nächste ist zum eigenen Ich geworden, wie es Rumi wunderbar ausdrückt: „Der Selbstlose (wer sich selbst vergessen hat) ist ein Spiegel geworden: nichts ist mehr da als das Spiegelbild des Gesichtes eines anderen. Wenn du darauf spuckst, so spuckst du in dein Gesicht; und wenn du den Spiegel schlägst, schlägst du dich selbst; und wenn du ein hässliches Gesicht im Spiegel siehst, bist es du; und wenn du Jesus und Maria siehst, bist es du."[14] – Es ist ein langer Weg der Wandlung, bis wir als Menschen so weit sind. Aber es ist diese universale Liebe, die als einzige ein menschwürdiges Zusammenleben garantiert. Sie kommt nicht aus dem „du sollst" und „du musst", sie kommt aus der Erfahrung der Einheit.

Das Böse ist der Thronsitz des Guten
(Neujahr 2001)

Das dritte Jahrtausend hat begonnen. Solche Einschnitte lassen viele Menschen nach dem Sinn ihres Daseins und nach der Sinnhaftigkeit des Universums fragen. Wir wissen: Nichts hat Bestand. Ganze Galaxien kommen und gehen, entstehen und vergehen. Viele Menschen erkennen ihre Bedeutungslosigkeit in diesem gewaltigen kosmischen Geschehen. Ist also der Mensch mehr als eine unbedeutende Eintagsfliege, ein Zufallsprodukt? Warum sollten gerade wir Menschen ewig leben?

Eine weitere Frage treibt viele Menschen zur Jahrtausendwende um: Was ist das Böse? Das 20. Jahrhundert mit seinen schrecklichen Kriegen und Revolutionen, heutige Greueltaten, die uns fast täglich mit den Nachrichten ins Haus geliefert werden, und nicht zuletzt auch unser eigenes Versagen machen diese Frage brisant. Letztlich scheint die Evolution nichts anderes zu sein als ein biochemischer Prozess, der Zellen mutieren lässt und zu neuen Lebensformen führt, die sich dann rücksichtslos durchsetzen. In diesen Tagen habe ich gelesen: „Wir haben zwei Halb-

---

[14] Dschallaluddin Rumi, Vierzeiler, Amsterdam 1989, S. 35.

wüchsige untersucht, deren Stirnhirn seit der Kindheit beschädigt ist. Diese Menschen lügen, stehlen, und ihnen fehlt jede Einsicht. Aber das heißt nur, dass die betreffenden Hirnteile notwendig sind, um in der Kindheit moralisches Empfinden zu lernen. Deswegen können die Patienten keine Verantwortung für ihr Handeln übernehmen."

Das Übel und das Böse sind zu einem Hauptproblem unserer Gesellschaft geworden. Ist diese Erste Wirklichkeit, die wir Gott nennen, nicht der Urheber der ganzen Misere? Fast sind wir geneigt zu sagen, dass uns eine bessere Schöpfung gelungen wäre. Es müsste für einen Schöpfer doch ganz einfach gewesen sein, die schönen Dinge zuzulassen und was wir für schlecht halten, zu verhindern – und auch den Menschen so zu schaffen, dass er nichts Böses tun kann. Aber je tiefer wir in den Makrokosmos und den Mikrokosmos eindringen, um so mehr müssen wir erkennen, dass schwarz und weiß nur die zwei Seiten einer Münze sind. Gott ist nicht nur das, was wir gütig, liebevoll, gnädig, barmherzig nennen.

Gott hat auch eine dunkle Seite, mit der wir Menschen uns sehr schwer tun. Zu dieser dunklen Seite hat unser Verstand keinen Zutritt. Sie bleibt ein Mysterium, zu dem auch eine Theologie nur unbefriedigende Antworten bereit hält. Das Böse nur auf den Menschen zu schieben, hält einem kritischen Blick nicht stand. Eckehart predigte eines Tages – und stellt euch vor, es war eine ganz „normale" Predigt: „In jedem Werk, auch im bösen, im Übel der Strafe ebenso sehr wie im Übel der Schuld, offenbart sich und erstrahlt gleichermaßen Gottes Herrlichkeit."

Nur auf einer tieferen Ebene lässt sich dies verstehen. Nur dort lässt sich auch die Frage nach dem Bösen lösen. Unser wahres Wesen kennt Geborenwerden und Sterben nicht. Dort gibt es auch nicht Gut und Böse. Diese metaphysische Gewissheit ist der Ratio fremd. Diese Erfahrung schafft auch das, was wir böse nennen, nicht aus der Welt, aber sie gibt ihm einen ganz anderen Stellenwert. Auf dieser Ebene, wo es noch kein Für und kein Wider gibt, ist alles ohne Unterschied der Vollzug des göttlichen Urprinzips. Was wir böse nennen, ist die dunkle Seite

Gottes. Das Ergebnis jeder mystischen Erfahrung ist die Aufhebung der Dualität. Ob wir den Endzustand Unio mystica nennen oder Satori, es ist immer erst der Tod des Ich, der diese Erkenntnis zulässt.

Sind dann Verbrechen und Liebe gleich? Woher kommt dann die Motivation für unser soziales Verhalten? Das Innerste Gottes und so auch jeder Mystik ist Liebe. Aber es ist nicht die Liebe, die alles Leid verhindern will. „Je tiefer die Erfahrung, um so größer das Mitgefühl."

Diese Liebe kommt nicht aus dem Ego. Sie hat nichts zu tun mit: „Ich liebe dich". In der mystischen Erfahrung steigt ein universales Wohlwollen auf, das wir Christen „Agape" nennen. Es kennt keinen anderen und kein Anderes mehr. Es schließt alles ein, weil es im Einen keine Teilung gibt. Diese Liebe ist wie die Sonne, die nicht zwischen Gut und Böse unterscheidet, sondern allen scheint.

Immer wieder kommen Kursteilnehmerinnen und -teilnehmer zu mir und sagen: „Wenn ich in dieser Liebe bin, besteht zwischen Gut und Böse kein Unterschied." Einer sah im Film ein Verbrechen und erkannte erschüttert: Ich bin auch der Verbrecher. Jemand kam aus der Stadt und berichtete unter Tränen: „Ich bin der Bettler an der Straßenecke." Es gibt nur Eines, das als unser wahres Wesen erkannt wird. Wer auf diese Stufe vordringt, hat die Ethik der Liebe, die alles tun kann und doch auch wieder nicht tun kann, weil die Liebe selber die Grenze setzt.

Religion bietet den Menschen eine Deutung ihres Lebens an. Religion hat sich entwickelt, weil der Mensch, nachdem er Geist erlangt hatte, nach dem Sinn seines Lebens und dem Sinn der Welt fragte. Religion ist daher eine wichtige, ja absolut notwendige Errungenschaft der Evolution: Sie schützt die Spezies vor dem Untergang. Neurosen, Psychosen und Verzweiflung sind die Folge eines Mangels an Sinn. Die religiöse Ebene gibt dem abgesonderten, sich getrennt fühlenden Ich Deutung und Halt und erleichtert so das Leben. Sie verändert nicht notwendigerweise die Bewusstseinsebene des Menschen. Sie tröstet das Ich und verheißt ihm die Lösung aller Probleme in der Zukunft.

Eine solche Praxis von Religion verspricht Vergebung, Ausgleich von Gut und Böse für spätere Zeiten und verlegt das eigentliche Leben in ein Jenseits, in einen Himmel oder eine Wiedergeburt nach dem Tod. Aber das ist eine einfältige Lösung. Auch was wir „böse" nennen, gehört zum Strukturprinzip der Evolution und damit zu dieser Urwirklichkeit, die wir Gott nennen. Wenn wir in Kontemplation und Zen tiefer kommen und umfassendere Erfahrungen machen, erkennen wir, dass nichts aus diesem Urprinzip herausfallen kann, auch nicht das Böse. Rabbi Baal Schem Tow, ein Weiser der Chassidim, sagt: „Die einwohnende Herrlichkeit umfasst alle Weiten, alle Kreaturen, Gute und Böse. Und sie ist die wahre Einheit. Wie kann sie denn die Gegensätze des Guten und des Bösen in sich tragen? Aber in Wahrheit ist da kein Gegensatz, denn das Böse ist der Thronsitz des Guten."

Das Ich, das sich in den Vordergrund spielt, ist nicht unser wahres Ich. Es ist nur das Echo auf unsere wahre Identität, von der alles Leben ausgeht. Diese unsere wahre Identität kann nur von innen erfahren werden. Mit dem Verstand ist das so wenig möglich wie das Küssen der eigenen Lippen. – In unserem täglichen Leben müssen wir unterscheiden und wählen, was oft nicht ohne Verletzungen möglich ist. Unsere Übung sollte darin bestehen, möglichst nicht aggressiv zu handeln, sondern mehr aus einer neutralen Gelassenheit heraus zu agieren. Es ist nicht leicht, „ja" zu sich selber zu sagen, auch zu seinen Schattenseiten. Wir müssen nicht größer, reiner, heiliger, spiritueller werden; wir sollten unser wahres Wesen erfahren, daraus ergibt sich das rechte Handeln. – Solche Rede kann leicht missverstanden werden. Nicht umsonst war in früheren Zeiten esoterisches Wissen Geheimlehre. Dahinter stand weniger elitäre Arroganz als vielmehr die Sorge, dieses Wissen sei dem Bewusstseinsstand der meisten Menschen nicht angemessen.

ES geht als Mensch durch die Zeit
(Ostern 2001)

Ein Koan im Zen ist meist eine Begebenheit aus dem Leben. Der Schüler hat darin vor dem Lehrer seine Erfahrung der Wirklichkeit zu präsentieren. Es sagt aber auch auf der mentalen Ebene etwas aus und davon möchte ich kurz schreiben. Da ist zum Beispiel das Koan vom weißen Hasen. Der Meister ging mit seinem Schüler spazieren. Ein weißer Hase huschte über den Weg. „Wie flink!" sagte der Schüler. – Der Meister fragte: „Wie ist das?" – „Wie wenn ein Durchschnittsbürger zum Premierminister ernannt wird", gab der Schüler zur Antwort. – Der Meister war mit der Antwort nicht zufrieden und schimpfte den Schüler aus: „Du redest immer noch so dummes Zeug, obwohl du alt und bedeutend bist." – „Was würdest du sagen?", fragte der Schüler den Meister. „Der Prinz eines großen alten Geschlechts steigt für eine gewisse Zeit die gesellschaftliche Stufenleiter herab", antwortete der Meister.

Der weiße Hase ist ein Bild für unser wahres Wesen. Weiß bedeutet hier Leerheit oder Wesensnatur (Eckehart würde „Gottheit" dazu sagen), die sich als Hase offenbart. Der Schüler meint, aus dem Hasen sei etwas Besseres geworden, wie wenn ein ganz gewöhnlicher Bürger zum Premierminister befördert würde, zu etwas also, was er vorher nicht war. Mit anderen Worten: Wenn wir uns anstrengen, wenn wir uns entsprechend verhalten, werden wir gerettet, werden wir belohnt mit einer guten Wiedergeburt oder dem ewigen Leben. Dieser Auffassung wegen tadelt der Meister den Schüler. Nach seiner Meinung gefragt, stellt er das Bild des Schülers auf den Kopf: „Der Prinz eines großen, alten Geschlechts steigt für eine gewisse Zeit die gesellschaftliche Stufenleiter herab", antwortet er.

Der Meister will damit sagen: Wir müssen nichts werden, wir steigen nicht auf, wir sind etwas von Anfang an. Die wahre Natur offenbart sich als weißer Hase. Wir besitzen sie schon immer. Eben dies war die Erleuchtungserfahrung Shakyamunis. Es gilt zu erkennen, was wir von Beginn an sind. Wir haben unser „wahres Gesicht vor unserer Geburt" zu erfahren. Wir steigen nicht auf. Wir werden nicht vollkommen. Es gilt, unserer Vollkommenheit, die von Anfang an unser Besitz ist, inne zu werden. Unsere Aufgabe als Mensch ist es, zu erkennen, wer wir wirklich sind. Die Wesensnatur, das EINE, manifestiert sich als Mensch. ES geht als Mensch durch die Zeit. Es ist gleichsam für ein Menschenleben herabgestiegen in diese Form.

Eckehart ist der gleichen Auffassung. In einem Gleichnis sagt er: „Wenn ein Meister ein Bild macht aus Holz oder Stein, so trägt er das Bild nicht in das Holz hinein, sondern er schnitzt die Späne ab, die das Bild verborgen und verdeckt hatten; er gibt dem Holze nichts, sondern er nimmt und gräbt ihm die Decke ab und dann ergläntzt, was darunter verborgen lag. Dies ist der Schatz, der verborgen lag im Acker, wie unser Herr im Evangelium spricht (Matth. 13,44)."[15] Eckehart sagt mit diesem Gleichnis nichts anderes als das oben Beschriebene: Wir sind etwas von Anfang an. Unser wahres Wesen muss nur von allen Decken und Häuten befreit werden. Etwas, was immer da war und da ist, kommt dann zum Vorschein. Im Zen nennen wir es Wesensnatur. Im Christentum sprechen wir vom Reich Gottes in uns oder vom Leben Gottes. Mit Jesus können wir ausrufen: „Bevor Abraham ward, bin ich." Was wir wirklich sind, ist nicht geboren und kann daher auch nicht sterben. ES ist zeitlos. ES zeigt sich nur für kurze Zeit in dieser unserer menschlichen Form. In der Zen-Geschichte ist es der Prinz eines großen alten Geschlechts, der für eine gewisse Zeit die gesellschaftliche Stufenleiter herabsteigt. Gemeint ist das Eine, das sich offenbart. Im Christentum ist es das Göttliche, das sich in Jesus inkarniert, aber nicht nur in ihm, ebenso in jedem von uns.

Ich schreibe diesen Brief auf dem Sinai und feiere Ostern mit griechischen Christen. Die Nacht vom Karsamstag auf Ostersonntag ist voller Jubel und Zuversicht. Ich feiere nicht nur die Auferstehung Jesu. Ich feiere die zeitlose Präsenz alles Seienden.

---

[15] Meister Eckehart: Vom Edlen Menschen, in: a.a.O. S. 140–149, S. 144.

„Es gibt keinen Tod. Der Tod wurde durch den Tod besiegt", erschallt es immer wieder. Das ist die Botschaft dieser Nacht. Es gab nie einen Tod, müssten wir singen. Der Prinz aus vornehmem Haus stieg für einige Zeit herunter, er bleibt immer der Prinz, auch in der Menschengestalt, auch in seinem Sterben. In Jesus ist Gott Mensch geworden. Immer war das Gottesbewusstsein seine Mitte. Es ist auch unsere Mitte. Wir alle sind eine Epiphanie Gottes. Wir alle sind Auferstandene von Anfang an. Worte von Rose Ausländer fallen mir ein: „Vor seiner Geburt war Jesus auferstanden. Sterben gilt nicht für Gott und seine Kinder. Wir Auferstandenen vor unserer Geburt." In der Auferstehung feiern wir unsere zeitlose Einheit mit Gott. Sie wird uns nicht erst später geschenkt, sie ist Gegenwart. In der Taufe wurde uns die Einheit, die von Anfang an unser war, bestätigt. Über jedem Kind erschallt das Wort, das über Jesus ertönte: „Dieser ist mein geliebter Sohn, dieses ist meine geliebte Tochter." Auferstehung geschieht also hier und jetzt. Die eine Wirklichkeit kennt keine Zeit.

Zeitlosigkeit und a-kausale Wirkung. ES, GOTTHEIT, kennt keine Zeit. Unser Ich-Bewusstsein macht die Zeit. Es gibt kein Nachher und kein Vorher. ES, GOTTHEIT ist zeitlos. Ich werde oft gefragt: „Treffe ich nach dem Tod mein Kind wieder und meine Verwandten, die verstorben sind?" In dieser Zeitlosigkeit sind auch alle unsere Verwandten mit uns eins. Das ist für den Verstand nicht zu begreifen, weil wir uns nur eine personale Beziehung vorstellen können. In der Zeitlosigkeit, im Einen gibt es eine viel innigere Verbundenheit. Eine Verbindung, die alles Personale übersteigt. In diesem Augenblick sind wir mit allem und allen verbunden. Warum für die Zukunft leben, wenn uns im Jetzt alles beschieden ist?

Der irische Physiker John Stuart Beil zeigte in einer Arbeit, dass jede Art von Atom nach dem Zusammentreffen mit einem anderen Atom auf ewig mit ihm in Verbindung bleibt. Nicht nur das, die Atome werden sich auch künftig beeinflussen, ganz gleich, wo sie sich befinden oder wie groß die Distanz zwischen ihnen ist. Diese universelle Verbundenheit ereignet sich außerhalb des Gesetzes von Ursache und Wirkung. Diese Arbeit ist in die Physik als „Beils Theorem" eingegangen. – Was sagt diese Erkenntnis? Im Universum ist alles mit allem verbunden. Ein Abgetrenntsein gibt es nicht. Was an einem Ort geschieht, kann an einem anderen Ort unmittelbar eine Auswirkung haben. Es gibt offensichtlich a-kausale Wirkungen, die sich gegenseitig beeinflussen. Es gibt darüber hinaus das, was wir Bewusstsein nennen, zu dem die Ratio keinen Zutritt hat. Abends sprechen wir im Zen die „Vier Großen Gelübde". Darunter sind auch die folgenden Zeilen: „Zahllos sind die Lebewesen, ich gelobe sie alle zu retten!" Retten geschieht nicht durch Predigen und Bekehren zu einer Konfession. Retten geschieht, indem ich selber in der rechten Weise da bin, offen zu allem und jedem. Es geht immer etwas von uns aus: positiv oder negativ. Gedanken, Gefühle und Intentionen, und selbst meine Atome sind über Raum und Zeit hinweg wirksam.

Manchen springe ich zwischen Religion, Naturwissenschaft und Psychologie zu viel hin und her. Es geht nicht um „Gottesbeweise" aus der Naturwissenschaft. Es sind zeitgenössische Bilder, mit deren Hilfe wir auch dem Verstand das EINE näher bringen wollen. Für mich verweist alles auf diese eine Wirklichkeit, für die wir so viele Namen und Systeme haben und die sich doch nicht darin fassen lässt. Und warum schreibe ich, obwohl es am Ende doch wieder nur Worte, Konzepte und Schablonen sind? Sie wollen Wegweiser zum Einen sein für Menschen, die einen spirituellen Weg mit mir gehen, der sie über Konzepte und Muster hinausführen will. Wenn wir kommunizieren wollen, brauchen wir Worte und Bilder. Kommunikation bedeutet Offenheit allem und jedem gegenüber. Das Wort kommt aus dem gleichen Stamm wie Kommunion. Es ist Begegnung und Austausch und damit das Gegenteil von Absolutheitsanspruch und Macht. Ganz gleich zu welcher Erkenntnis wir in unserem Leben gelangen, es geschieht nicht zu unserem eigenen Nutzen. Diese Erkenntnis auszusprechen gleicht einer Form von Kommunion, die der Gemeinschaft dienen will.

Mond und Wolken sind gleich, Berge und Täler verschieden
(Sommer 2001)

Geschichten, Legenden, Märchen enthalten die Weisheit der Menschheit. Folgende Erzählung handelt von Meister Goso, der einmal von seinem Schüler gefragt wurde: „Seijo und ihre Seele sind voneinander getrennt. Welche ist die wahre Seijo?"

Um diese Frage zu verstehen, muss man die alte chinesische Geistergeschichte kennen, auf die sich Meister Goso bezieht. Die Erzählung aus der T'ang-Zeit beginnt mit einem alten Mann namens Chokan. Er lebte in China in der Provinz Ko. Er hatte eine Tochter namens Seijo. Sie war sehr hübsch und ihr Vater liebte sie sehr. Chokan pflegte sie schon im Kindesalter mit der Bemerkung zu necken, dass er sie ihrem stattlichen Vetter Ochu für die Ehe versprochen hatte. Die beiden waren also von Kindheit an einander zugesprochen. In China wurden junge Leute von den Eltern verheiratet. Gerade, als die beiden bemerkten, dass sie sich ineinander verliebt hatten, verkündete der Vater, dass er es sich anders überlegt hätte und für Seijo einen anderen jungen Mann ausgesucht habe. Den beiden jungen Verliebten wollte das Herz brechen. In seiner Verzweiflung bestieg der junge Ochu ein Boot und fuhr davon. Mitten in der Nacht hörte er vom Ufer des Flusses her die Stimme seiner geliebten Seijo. Voller Freude nahm er Seijo in sein Boot. Zusammen flüchteten sie nun beide in ein fernes Land, heirateten und bekamen zwei Kinder. So lebten sie jahrelang glücklich miteinander. Eines Tages aber bekamen die beiden Gewissensbisse, weil sie den Eltern einfach so davongelaufen waren. Auch plagte sie Heimweh und so beschlossen sie, nach Hause zu reisen und die Eltern um Verzeihung zu bitten.

Zu Hause angekommen, ging Ochu zum Elternhaus seiner Frau, während Seijo im Boot wartete. Der junge Mann bat seinen Schwiegervater für seine und Seijos Flucht um Verzeihung. Der alte Mann aber wusste gar nicht, wovon Ochu redete. „Seijo", sagte er, „liegt in meinem Haus krank und im Koma auf ihrem

Bett". Ochu aber bestand darauf, dass Seijo im Boot warte. Als die im Haus krank daniederliegende Seijo diese Worte hörte, erhob sie sich plötzlich und lief hinunter zum Fluss. Die Seijo im Boot aber erhob sich ebenfalls, um der anderen Seijo entgegen zu gehen. Als die beiden Seijos sich begegneten, umarmten sie einander und wurden wieder zu einer Seijo.

So weit die Geschichte. Der Meister fragte nun: „Welches war die richtige Seijo?" Diejenige, die im Boot auf dem Fluss auf ihren Mann wartete – oder die Seijo, die in ihrem Elternhaus krank auf dem Bett lag? Die Seijo der äußeren Form, die ein irdisches Leben als Frau führte, heiratete, Kinder bekam und ihre Arbeit machte? Oder war es die andere Seijo, die bewusstlos und fern des Lebens und der Welt, den zehntausend Dingen fern, im reinen Bewusstsein auf dem Bett lag?

Was uns die Geschichte sagen will, ist leicht zu erraten. Die wahre Seijo ist weder die eine noch die andere, sondern beide zusammen sind die wahre Seijo. Ruhe, ein leeres, reines, von Gedanken und Gefühlen unbesetztes Bewusstsein allein, verkörpert von der wie tot daliegenden Seijo, kann es nicht sein. Aber auch die in Emotionen und Leidenschaften verwickelte Seijo, die davonrennt, ist es nicht. Sie bekommt Heimweh nach ihrem wahren Wesen.

Wir sind als Menschen Leerheit und Form, Leib und Geist, wobei Geist hier nicht Intellekt meint, sondern die tieferen Schichten unseres Bewusstseins, die wir in der transpersonalen Psychologie heute „kausal" oder „kosmisch" nennen, in der Mystik „Gebet der Ruhe" oder auch – in der höchsten Form – „Unio mystica".

Ein anderer Meister dichtete zu dieser Geschichte einen Vers: „Mond und Wolken sind gleich, Berge und Täler verschieden." Er will damit sagen, dass es am Himmel nicht nur den klaren Mond gibt, sondern auch Wolken. Und dort, wo Mond und Wolken so eins geworden sind, dass man sie nicht mehr unterscheiden kann, liegt das Wahre. Damit sind wir wieder mitten im Leben, in dem uns das Eine aufleuchten soll. Dazu gehören Emotionen und Gedanken und Heimweh und Schmerzen.

Es gibt nichts, in dem sich das Eine nicht offenbaren würde. Und das ist der entscheidende Trost für dieses Leben: Es ist immer Offenbarung des Einen.

Mehr und mehr Menschen erkennen, dass sie der einen Seijo gleichen, die davonrannte, sich in Beruf, Familie, Arbeit und der alltäglichen Hektik verloren hatte. Sie versuchen in Angeboten einer ganzheitlichen Gesundung ihre Einheit wieder zu erleben, aber nicht durch Medikamente, sondern durch Energien, die aus der Ruhe kommen; „Ruhigstellung des Alltagsbewusstseins" lautet eine Devise, mit einem anderen Wort: Meditation. Meditation als Heilungsweg hält Einzug in allen Schichten der Bevölkerung und auch in wissenschaftliche Studien. Auch Führungskräfte, Manager und Hollywood-Stars „gönnen" sich zum Auftanken von Energie längere kreative Zeiten in der Abgeschiedenheit. Vielen geht es aber nicht nur um ein Kräfteschöpfen, sondern vielmehr um Wachstum und Entfaltung höherer Stufen des Bewusstseins.

Kontemplation und Zen sind uralte Menschheitswege, die zu mehr geistiger Klarheit, innerer Ruhe und Lebensfreude führen. – „Spiritualität als Lebensqualität" ist neu entdeckt. „Mach mehr aus deinem Leben", heißt eine andere Devise. Dazu gehört der gesamte Bereich, den wir heute „transpersonales Bewusstsein" nennen. Man spricht von einer neuen „Programmierung" zur Ent-Hypnotisierung des Alltagsbewusstseins. Energie kommt offensichtlich aus einer „Leere", die (wie im Universum die schwarzen Löcher) das eigentliche Kraftzentrum des Kosmos und auch des Menschen zu sein scheint. (Manche Wissenschaftler meinen, dass mindestens 99 Prozent des Universums dunkle Materie sind, in der aber die Energie des Universums beheimatet ist.) Auch in uns scheint die Ruhe das große Energiereservoir zu sein. Wir entdecken heute wieder die heilenden Kräfte der Ruhe, auf die alle spirituellen Wege letztlich zielen, weil in ihnen nicht nur das Kraftzentrum unseres Lebens liegt, sondern auch das eigentliche Ziel der Religion. Es geht uns daher nicht nur um Ruhe, Harmonie und Kraft für unseren Alltag auf unserem Weg. Wir wissen, dass nur in der Ruhe die Begegnung mit dieser ersten Wirklichkeit möglich ist, die wir Abendländer Gott oder

Gottheit nennen, andere Brahman, Allah oder Leerheit, in der Geschichte aus China symbolisiert durch die daheim liegende, bewusstlose Seijo. Wem es beschieden ist, bis zum Grund des Seins durchzubrechen, der erfährt eine umfassende Leere, die alle Potenzen in sich birgt.

Es ist für mich beglückend, dass immer wieder Menschen, die einen spirituellen Weg mit mir gehen, dahin gelangen. Oft ist es ein dramatischer Prozess, denn der Weg kann durch Verwirrung und Angst führen, aber am Ende ist es dieses Eine, das unserem Leben Sinn gibt. Zu seinem Wesen gehört Aufwachen. Die Seijo, die davongerannt ist, symbolisiert den anderen Aspekt der Wirklichkeit. Aber es gibt nur eine Seijo: Ruhe *und* Bewegung, Leerheit *und* Form machen das Eine aus. Eckehart sagt daher: „Es kann zugegeben werden, dass die Welt von Ewigkeit her gewesen ist. Auf einmal und zugleich, als Gott war, ... schuf er auch die Welt."[16] Gott, wie immer wir auch dieses Eine nennen, ist nicht teilbar.

Liebet eure Feinde – der Terror in der Welt
(zum 11. September 2002)

Krieg, Flüchtlingselend, Vergewaltigung und Mord. Gibt es eine Antwort? Es gibt eine Antwort, aber sie kommt nicht aus der Politik, sie kommt aus der Tiefe unseres Herzens, das eine Mördergrube sein kann oder eine Stätte des Friedens und der Liebe.

Ich will euch eine Textstelle vorlesen und sagen, was Jesus in einer solchen Situation geraten hat. Er lebte zu einer Zeit, als die Römer das Land Israel besetzt hatten. Terroristen lehnten sich auf. Den Namen eines von ihnen kennen wir: Barabas. Jesus ist ihm nicht gefolgt. Vielmehr wurde er später, als beide gefangen waren, gegen ihn ausgetauscht. Jesus starb an seiner Stelle. Als Barabas seinen Aufstand machte, predigte Jesus: „Euch, die ihr

---

[16] Bei dem Zitat handelt es sich um den ersten der in der Bulle Papst Johannes XXII. verurteilten Lehrsätze Eckeharts. Vgl.: Meister Eckehart, a.a.O.: S. 450.

hört, sage ich: Liebet eure Feinde, tut Gutes denen, die euch hassen. Segnet, die euch fluchen, betet für die, welche euch verleumden. Wer dich auf die eine Wange schlägt, dem halte auch die andere hin, und dem, der dir den Mantel nimmt, verweigere auch den Rock nicht. Jedem, der dich bittet, gib; und von dem, der dir das Deine nimmt, fordere es nicht zurück" (Lukas 6,27 ff).

„Das ist falscher Idealismus", sagt der gesunde Menschenverstand. „Denkt doch an die Konzentrationslager, an Afghanistan, an den Terror in den USA, den Terror in unserer Welt. Auf einer solchen Ethik kann man keine Sozialordnung gründen. Die Bösen werden das ausnutzen. Sie werden dominieren. Ein solcher Sozialstaat wird nicht funktionieren."

„Liebet eure Feinde, tut Gutes denen, die euch hassen. Segnet die, die euch verfluchen; betet für die, die euch misshandeln. Dem, der dich auf die eine Wange schlägt, halte auch die andere hin, und dem, der dir den Mantel wegnimmt, lass auch das Hemd." – Das hat nichts mit einem Gebot zu tun. So kann nur der sprechen, der die Einheit mit allen Wesen erfahren hat. Denn er hat erfahren, dass es den anderen nicht gibt. Er gibt sein Hemd sich selber und gibt seinen Mantel sich selber.

Wir sprechen von der Entfaltung unseres Menschseins. Wie sprengen wir die Grenzen der einengenden Individualität? Hier wird es uns an Beispielen gezeigt. Nur diese Liebe kann die andere Wange hinhalten, nur sie kann auch noch das Hemd weggeben, wenn der Mantel verlangt wird. Wenn diese Haltung aus Wohlverhalten käme oder aus dem „du sollst" und „du musst", wäre sie nicht wirklich wahr. Wahre Liebe kann nicht anders, denn sie erfährt die Einheit des Lebens und würde sich selber antun, was sie dem anderen Übles tut.

Diese Liebe umarmt auch Gegner, jene die hassen, die Taliban und einen Osama Bin Laden und die verletzten Soldaten, die geschändeten Frauen und die hungernden Kinder. Und sie umarmt einen hilflosen Präsidenten und die Opfer des Anschlags auf das Welthandelszentrum. Aber sie ist alles andere als sentimentales Mitleid, sie ist der Urgrund selber. Und dieser Urgrund ist Liebe.

Und wie äußert sich diese Liebe? Wir wissen heute, dass Bewusstsein eine a-kausale Energie erzeugt, die auch physische und psychische Prozesse auslöst und steuert. Mit anderen Worten: Immaterielle Felder können materielle Prozesse im menschlichen Gehirn und im Körper in Gang setzen. Noch deutlicher: Emotionen und Gedanken können sich materialisieren.

Die Molekularbiologie sagt uns, dass Emotionen aufgeladen in Botenstoffen durch den Körper ziehen und ihn krank oder gesund machen können. Hass und Aggression beginnen in unseren Herzen. Sie machen uns und die menschliche Gemeinschaft krank.

Gute Wünsche, Wohlwollen, Liebe kreieren helfende, heilende und ordnende Felder. Gebete sind gute Wünsche. Sie wirken nicht, weil dort oben irgendwo ein Gott etwas gibt, weil man drei „Vaterunser" gebetet hat, sondern die Urwirklichkeit Gott hat diese Kraft in die Grundstruktur der Evolution gelegt.

Wer seine personale Einengung nicht überschreiten kann, wer sich nicht öffnen kann zum anderen hin, verhält sich nicht evolutionsgemäß und wird krank. Die Grundstruktur des Kosmos ist Selbsttranszendenz. Und der Naturwissenschaftler Charon hat sich nicht gescheut, dafür das Wort „Liebe" einzusetzen: Liebe, die Grundstruktur der Evolution. Unsere Gesellschaft krankt an Narzissmus. Sie kann sich zum Einen und Ganzen hin nicht öffnen. Sie verhält sich nicht mehr evolutionsgerecht. Hier ist der Ursprung für Terror und Krieg.

Und was haben wir dem entgegenzusetzen? Ich bin fest überzeugt, dass Revolution und Terror nicht auf den Barrikaden und bei den Bomben beginnen, sondern in diesem Energiefeld, das Menschen in ihrem Hass und ihrer Aggression kreieren. Und umgekehrt, dass wir Terror, Hass und Aggression nur durch Felder des Friedens und der Liebe aus der Welt schaffen können.

Und damit bin ich bei der Bedeutung des Gebetes und der guten Wünsche, der friedvollen Gedanken und der versöhnenden Sprache. Die Veränderung der Welt beginnt nicht in Gesetzen und schon gar nicht in Kriegen, sie beginnt in unserem eigenen Innern. Einsiedler wussten das schon immer und unser kontemplativer Weg verweist uns ständig darauf: „Du sitzt nie allein. Es sitzt immer der ganze Kosmos mit dir." Der Schmetterlings-Effekt beginnt auf deinem Kissen, er beginnt in deinen Gedanken und Gefühlen.

Wir sprachen in diesen Tagen davon, dass wir die weiblichen Kräfte, die in der Hominisation in den letzten Jahrhunderten verloren gegangen sind, wieder aktivieren müssen. Sie entstehen nicht, wenn wir diese Urkräfte des Pflegens, Heilens, der Intuition, des Mitfühlens, des Schauens, Empfindens, der Zuwendung, der Hingabe und Liebe nicht in uns wecken.

Liebe macht Menschen aus uns. Wir sind für das verantwortlich, was wir ausstrahlen. Es geht immer etwas von uns aus: Wohlwollen, Mitgefühl, Abneigung, Hass. Liebe beginnt nicht beim Wort und bei der Umarmung, sie beginnt in unseren Gedanken und Gefühlen. – Wer liebt, ist wie Gott, sagt Johannes. Denn „Gott ist die Liebe, und wer in der Liebe bleibt, bleibt in Gott, und Gott bleibt in ihm" (1 Joh 4.16). „Wer liebt, stammt von Gott und erkennt Gott."

Lasst uns jetzt diese Kräfte der Liebe wecken. Sie werden zu helfenden und heilenden Feldern. Im rechten Augenblick werden sie auch im konkreten Fall zu Taten der Hilfe und des Beistandes.

Ganz Mensch sein
(Weihnachten 2002)

Vor einigen Wochen fragte mich eine junge Journalistin nach meinem Lebens-Motto. Ich sah ihren Augen an, dass sie etwas Hochgeistiges erwartete. Als ich ihr antwortete, dass mein Lebens-Motto lautet: „Ganz Mensch sein", vergaß sie zunächst Stift und Papier. Sie hatte sich offensichtlich etwas ganz anderes vorgestellt. – Das ist meine Überzeugung: Ich bin Mensch geworden, weil Gott in mir Mensch sein möchte. In dieser Form möchte ER/ES zu dieser Zeit, an diesem Ort, auf diesem so unbedeutenden Staubkorn im Weltall sich manifestieren. Das Leben ist unsere eigentliche Religion. Die wahre Religion ist unser

Mensch-Sein. Gott will gelebt werden und in dieser Weise verehrt werden. Eckehart predigt das immer wieder: „Wer Gott so (das heißt: im Sein) hat, der nimmt Gott göttlich, und dem leuchtet er in allen Dingen; denn alle Dinge schmecken ihm nach Gott, und Gottes Bild wird ihm aus allen Dingen sichtbar"[17] (Reden der Unterweisung). Oder: „Wer aber Gott recht in Wahrheit hat, der hat ihn an allen Stätten und auf der Straße und bei allen Leuten ebenso gut wie in der Kirche oder in der Einöde oder in der Zelle; wenn anders er ihn recht und nur ihn hat, so kann einen solchen Menschen niemand behindern. Warum? Weil er einzig Gott hat und es nur auf Gott absieht und alle Dinge ihm lauter Gott werden."[18]

„Denn wahrlich, wenn einer wähnt, in Innerlichkeit, Andacht, süßer Verzücktheit und in besonderer Begnadung Gottes mehr zu bekommen als beim Herdfeuer oder im Stalle, so tust du nicht anders, als ob du Gott nähmst, wändest ihm einen Mantel um das Haupt und schöbst ihn unter eine Bank. Denn wer Gott in einer (bestimmten) Weise sucht, der nimmt die Weise und verfehlt Gott, der in der Weise verborgen ist" (Predigt 6, S. 180). – Es ist unser Leben, in dem sich das Eine offenbaren will. Wir aber meinen, es müsste in unserem Tun liegen, in unserem Lob und Dank oder in unseren guten Werken. „Wer Gott in Wahrheit hat, der hat ihn an allen Stätten."

Säkularisierung der Religion oder Sakralisierung des Lebens. Immer wieder sagen mir Theologen: Das läuft auf Säkularisierung der Religion hinaus. Meine Antwort lautet dann: Nein! Es ist eine Sakralisierung des Lebens.

Kein festes Haus sondern Weggemeinschaft. Ein Teil unserer Weggemeinschaft gehört keinem Bekenntnis mehr an. Früher war es die Religion als Bestandteil der Kultur, die Menschen zusammenschloss und ihnen Geborgenheit und Halt gab. Diese Zugehörigkeit und Identität ist bei vielen verloren gegangen.

---

[17] Meister Eckehart: Reden der Unterweisung, in: a.a.O. S. 53–100.
[18] Ebd.

Weil manche von uns sich in ihrem Bekenntnis nicht mehr aufgehoben fühlen, entfaltet sich unsere Weggemeinschaft immer stärker als Möglichkeit einer Zugehörigkeit.

Es sind im Laufe der Jahre sehr viele Freundschaften und Partnerschaften entstanden, die dem Einzelnen auch Geborgenheit und ein Stück Heimat vermitteln. Viele wussten sich auch im Haus St. Benedikt geborgen und fühlten sich daheim. Aber wichtiger ist die Weggemeinschaft, die wir im Zen „Sangha" nennen. Eine Sangha wird als eine Gruppe von Suchenden beschrieben, die sich um einen Meister schart, um zur spirituellen Erkenntnis und zur Verwirklichung der höchsten Wahrheit zu gelangen, heißt es in einem „Lexikon der östlichen Weisheitslehren". Ich würde sie lieber als eine Gruppe definieren, die sich zu einem gemeinsamen spirituellen Ziel bekennt.

Der Meister wird einmal sterben, ebenso seine eventuellen Nachfolger. Es ist also das gemeinsame Ziel und der gemeinsame Weg, die uns verbinden. Manche äußern ihre Angst, ich könnte mich zurückziehen. Das habe ich nicht vor. Solange ich kann, werde ich euch begleiten. Jede Begleitung ist ein Geben und Nehmen.

Nicht zuletzt war es unser Freundeskreistreffen im November, das mir für unsere Weggemeinschaft neue Impulse gab. Professor Ervin Laszlo referierte über Bewusstseinsfelder. Es sind a-kausale Felder, die Informationen übertragen, die sich durch Raum und Zeit erstrecken und gleichzeitig von Raum und Zeit unabhängig sind. Laszlo sprach vom „Fünften Feld". Einige Biologen vermuten, dass in dem jeweiligen Organismus zusätzlich zu den biochemischen Prozessen und den genetischen Programmen ein spezielles biologisches Feld am Werk sein müsse. Es besitzt offensichtlich selbstorganisatorischen Charakter. Manche nennen es das Holo-Feld. Es ist ein Lebensfeld, das die physikalische Struktur des Organismus steuert. Die Naturwissenschaft sagt uns, dass es keine festen Materie-Teile gibt. Was wir „Materie" nennen, entpuppt sich nach Heisenberg als Bündel von Beziehungsstrukturen, die wir dann als Atome, Moleküle und Zellen bezeichnen. Letztlich sind es die „Bausteine", die das Biofeld verarbeitet. Dieses Feld ist etwa wirksam, wenn ein auseinander gerissener Zellverband, zum Beispiel ein lebender Schwamm im Wasser, spontan wieder zusammenfindet. Es ist verantwortlich für die Regeneration des Ganzen, wenn ein Teil abgeschnitten oder verletzt wurde. Wenn man einen Plattenwurm in zwei Hälften schneidet, dann nimmt man an, dass es sein Biofeld ist, das aus den beiden Hälften wieder zwei ganze Würmer macht. Diese Felder besitzen wohl eine von der physischen Gestalt unabhängige Existenz (Sheldrake). Sie sind mit einer morphischen Resonanz ausgestattet, die auf die einzelne Spezies einwirkt. Die Resonanz wird durch Wiederholung verstärkt. Wir sind also ständig dabei, durch unsere Gedanken und Gefühle in diese Felder einzugreifen und einander zu beeinflussen.

Die Heilwirkung im geistigen Heilen und auch in der Naturheilkunde scheint in diesen Feldern zu liegen. Heiler und Heilerinnen, Qigong-Meisterinnen und -Meister, Weise und Mystiker wie Mystikerinnen scheinen ein stärkeres Feld zu besitzen, die sie zum Heilen und Orientieren anderer nutzen können. Dieses Holo-Feld durchdringt das ganze Universum. Und nicht nur das. Man nimmt heute an, dass es nicht ein Universum gibt, sondern dass ein Universum nach dem anderen entsteht und vergeht, dass aber das Holo-Feld der Universen erhalten bleibt und dass in jedem Universum die Impulse des vorausgehenden Universums enthalten und verarbeitet sind.

Es geht mir nicht darum, naturwissenschaftliche Erkenntnisse zu vermitteln. Wenn wir zusammen sitzen, kreieren wir Felder. Wir sind ständig dabei, aufeinander einzuwirken. Es geht immer etwas von uns aus, positiv oder negativ, heilend, helfend oder hindernd und zerstörend. Es ist daher auch nicht gleichgültig, wie wir da sind. Mit allem sind wir vernetzt und speisen in das Holo-Feld Mensch ein. Und so bin ich auch fest davon überzeugt, dass wir uns gegenseitig in unserer Weggemeinschaft, in unser Sangha unterstützen.

Gott offenbart sich im Schweigen
(Advent 2002)

Wenn es nur einmal so ganz stille wäre

Wenn es nur einmal so ganz stille wäre.
Wenn das Zufällige und Ungefähre
verstummte und das nachbarliche Lachen,
wenn das Geräusch, das meine Sinne machen,
mich nicht so sehr verhinderte am Wachen –.
Dann könnte ich in einem tausendfachen
Gedanken bis an deinen Rand dich denken
und dich besitzen (nur ein Lächeln lang),
um dich an alles Leben zu verschenken
wie einen Dank.

Wir bauen Bilder vor dir auf wie Wände;
so dass schon tausend Mauern um dich stehn.
Denn dich verhüllen unsre frommen Hände,
sooft dich unsre Herzen offen sehn.

Alle, welche dich suchen, versuchen dich.
Und die, die dich finden, binden dich
an Bild und Gebärde.

Drei Passagen aus drei verschiedenen Gedichten aus dem Stundenbuch von Rainer Maria Rilke. Viele von uns kennen diese Worte – die einen dieses, die anderen jenes. Warum aber rühren sie uns so an? Wir spüren zutiefst, dass sie wahr sind. Aber wie kommen wir hinter den Lärm unserer Sinne, unserer Gedanken und Gefühle? Wir müssen wohl lernen, nur zu schauen, nur zu hören, ohne zu werten und zu urteilen. Nur da zu sein, spüren und lauschen. Ich probiere es öfters untertags, immer wieder einmal fünf Minuten lang. – Einzusehen, dass wir nichts machen können, dass sich die Dinge ereignen, wenn wir ruhig werden, dass wir Einfälle haben, wenn wir leer sind. Nur dann kann ja etwas „einfallen".

Nur auf die Stille achten, die Stille hören! Bis wir in der Stille arbeiten können, sprechen können, bis die Ruhe der Hintergrund geworden ist, auf dem sich alles zeigt. Gehen in der Stille, arbeiten in der Stille, warten in der Stille, am Bus, in der Einkaufsschlange, beim Arzt, im Lärm des Verkehrs.

Die Stille heilt. Sie ist das einzige wirkliche Mittel gegen Stress. Die Ruhe macht etwas mit uns. Ungeahnte Kräfte liegen in der Ruhe, ordnende, heilende, harmonisierende Kräfte. Sagt uns nicht schon die Astrophysik, dass in den leeren Räumen des Universums die stärksten Energien zu Hause sind?

Weihnachten steht vor der Türe. „Stille Nacht...", tönt es aus den Lautsprechern. Die Liturgie sagt: „Als die Nacht die Mitte erreicht hatte ...". Als alles stille war, da wurde Jesus geboren. Gott wird in der Stille geboren – in der Stille der Nacht, in der Wüste, in der Einsamkeit, in den fünf Minuten, die wir uns in der Stille gönnen. Dort spricht er zu uns. Nur dort kann er zu uns sprechen. Wie könnten wir ihn im Lärm unserer Gedanken, Termine und Sorgen sonst hören.

Die Stille kann zum Gebet werden. Gott die Stille anbieten. Die Stille eint, sie eint auch mit Gott, viel mehr als Worte. Wie antwortete doch der Pfarrer von Ars auf die Frage, was er denn so lange in der Kirche mache: „Er schaut mich an und ich schaue ihn an." Schauen, ohne etwas Bestimmtes sehen zu wollen. Reines Offensein. Eine Blume anschauen, ohne sie zu zerlegen in Farbe und Form. Einen Baum, einen Menschen aufnehmen, wie er ist, ohne Wertung, ohne Urteil, ohne ihn einzusortieren in unsere Denkmuster und Schubladen. Die Welt offenbart sich aufs Neue. Sie bekommt eine neue Farbe, wie Rumi sagt. Wir sollen uns aus dem Gefängnis unserer Aktivität hinausstehlen in die Stille, meint er. Dem Lärm sollen wir sterben, der uns wie ein Wolke einhüllt. Das führt nicht aus dem Leben hinaus. Es führt in das wirkliche Leben, das sich nur auf dem „Hintergrund Gott" wirklich offenbart. Er ist ein Gott, der sich im Schweigen offenbart.

„Im Innern dieser neuen Liebe, stirb.
Dein Weg beginnt auf der anderen Seite.
Werde der Himmel.
Richte die Axt wider die Gefängniswand. Entkomme.
Tritt ins Freie, wie jemand,
der plötzlich in Farbe geboren wird.
Tue es jetzt. Du bist von dichten Wolken eingehüllt.
Stehle dich seitlich hinaus. Stirb und sei still.
Stille ist das sicherste Zeichen, dass du gestorben bist.
Dein altes Leben war eine fieberhafte Flucht vor der Stille.
Der sprachlose Vollmond kommt eben jetzt hervor."

RUMI

Das Ich – ein Instrument, auf dem unser Wesen spielt
(Neujahr 2003)

Wir suchen das Leben in seiner höchsten Intensität. Der Westen meint es in der Individualität zu finden. Er hat das Ich glorifiziert und sucht es zu verewigen. Ewig ist jedoch nur jene Dimension des Göttlichen, die sich in immer neuen individuellen Formen ausdrückt – auch als unser Ich. Es setzt sich langsam die Erkenntnis durch, dass eine objektive kosmische Ordnung mit unserer menschlichen Intelligenz nicht begriffen werden kann und dass wir mit der Ratio allein auch nicht zu einer objektiven metaphysischen Anschauung der Welt gelangen. Wir kreieren unsere Welt mehr, als dass wir sie objektiv sehen können. Das Wort von der Suche nach einem neuen Paradigma für unsere Zeit und unsere Gesellschaft ist in aller Munde. Was ist dieses neue Paradigma?

Dass eine Spezies „Ich" sagen kann, war ein gewaltiger Fortschritt in der Evolution. Das Ich macht uns zu Menschen. Aber das Ich ist nur das Instrument unseres wahren Wesens. Wir müssen es gebrauchen lernen.

Vom psychologischen und spirituellen Standort aus ist das Ich ein Konglomerat von Konditionierungen, die wir uns im Laufe des Lebens angeeignet haben. Über viele Jahre hin bauen wir eine Identität auf. Es sind erlernte Konstrukte, die eine Persönlichkeit prägen. Elternhaus, Schule, Religion, Gesellschaft, Partner/Partnerin, Freunde und Freundinnen, Ideale, Ängste, Wünsche, Vorurteile und Illusionen haben dazu beigetragen. Mit dieser Ansammlung von Mustern identifizieren wir uns. Wir verteidigen unser Ich mit Wut und Angst. Wir beurteilen es, verurteilen es bei uns und bei anderen. Wir sind stolz darauf und machen uns Schuldgefühle. Dadurch wird diese Illusion des Ich verstärkt. Im Grunde gibt es aber keine individuelle Wesenheit, die nicht eingebettet wäre in das Ganze und Eine.

Wer einen spirituellen Weg geht, stellt bald fest, dass er nicht Herr im eigenen Haus ist. Was wir unser Ego nennen, zerrt uns hierhin und dorthin. Viele Menschen merken das zum ersten Mal, wenn sie sich zum Meditieren niedersetzen. Sie erkennen, dass dieses Ich sich verselbständigen kann. Es kommt mit immer neuen Angeboten von Außen und von Innen. Es lässt uns nicht zur Ruhe kommen. Wir werden durch diese Impulse wie von einer anderen Kraft gelebt. Im Alltag denkt und arbeitet das Ich nur für sich. Sorgen, Intentionen, Erinnerungen, die Arbeit, die Partei, die Familie, Haus, Auto, Aktien, Konto, Probleme besetzen uns. – Wir setzen dieses Getrenntsein vom Gegenüber, sei es gedanklich oder physisch, einfach voraus, so als seien wir von allen anderen getrennte Wesen. Was immer die Herrschaft des Ich bedroht, bekämpft es und was seine Macht erweitert, ergreift es begierig. Wir erkennen, dass dieses Ich unsere Würde als Menschen ausmacht, wir erkennen aber noch nicht, dass es sich in der Art und Weise, wie es uns beherrscht, zu einer schlimmen Krankheit entwickeln kann, zum Egozentrismus und Narzissmus.

Das Ich – ein Phantom

Die spirituellen Wege erheben den Anspruch, dem Ich seinen richtigen Standort zuweisen zu können. Sie wagen, uns zu sagen: Dieses Ich ist nichts Festes, ja, es ist ein Phantom. Es besteht aus Abläufen, die durch unser Gedächtnis zusammengehalten werden und uns Stabilität vorspiegeln. Es ist ein Organisationszentrum, das zu unserem Menschsein gehört, wie der Instinkt. Ohne dieses Zentrum wären wir keine Menschen. Wenn dieses Zentrum bei einem psychisch kranken Menschen ausfällt, vegetiert er nur noch dahin. Es ist ein Instrument, auf dem unser wahres Wesen spielt. Aber dieses Instrument kann gehörig verstimmt sein. Es ist die Aufgabe der Psychotherapie, dieses Instrument zu stimmen. Die meisten Psychotherapien sind auf Stabilisierung des Ich aus. Der Mensch braucht diese Stabilität, um in der Gesellschaft zu funktionieren.

Die spirituellen Wege hingegen führen über die Eingrenzung des Personalen hinaus. Sie führen zum „Tod des Ich". Das Ich löst sich nach einer tiefen mystischen Erfahrung nicht auf. Aber es erkennt seinen wahren Stellenwert. Es erkennt sich als Instrument, auf dem der Urgrund spielt. Der Weg führt oft durch das, was in der Mystik als „horror vacui" wohl bekannt ist. Aber der „Horror der Leere" ist nur eine Zwischenstufe. Wer aushält und sich der Leerheit überlassen kann, dem wird sich dieser Horror als Tor ins Eine erweisen. Dieses Eine ist eine meta- oder suprakosmische Leerheit. Sie ist keine feste Substanz. Aber in ihr sind alle Potenzen. Es ist der Ursprung der Schöpfung. Die Leerheit besitzt eine Qualität. Es ist damit etwas anderes gemeint als ein Zustand ohne Gedanken, als ein leerer Kopf. Es entsteht die Erfahrung einer Ebene, auf der es keine eigenständigen Individuen mehr gibt. Alle Erscheinungsformen haben nur einen Akteur, nur einen Spieler, der alle diese Rollen spielt. Selbständige Individuen sind eine Illusion. Es ist das Spiel von Maya, der großen Täuscherin, die alles Substantielle nur vorspiegelt.

Die Angst des Ich

Die größte Angst des Ich ist es, ausgelöscht zu werden. Die Substanzlosigkeit des Ich zu erkennen, ist das eigentliche Ziel der Mystik, des Zen, des Vipassana, des Dzogchen und mancher Yoga-Wege. Es ist der Kern des spirituellen Erwachens. Die Leerheit ist das Verbindende. Es gibt kein individuelles Ich und auch keinen Anderen. Alles ist verbunden in der gleichen leeren Einheit. Das Ich bleibt aktiv, aber die wirklich handelnde Kraft dahinter ist die Leere. Warum ist das so? Darauf gibt es keine rationale Antwort. Wir wissen es nicht.

Manchmal stellt sich diese Leerheit als ein „Licht" dar. Aber Licht ist nur wieder der Versuch, ins Mentale zu rücken, was nicht beschrieben werden kann. Die Mystik spricht vom dunklen Licht oder vom lichten Dunkel. Manchmal ist es eine universale unbeschreibliche Liebe. Es ist die Ordnung der Schöpfung. Es ist Kommen und Gehen darin. Aber die Dinge sind nun anders da. Der Mensch erfährt sich dann mit dem Universum (Gott) als eins. Er erfährt sich als das Universum. Darum ist der vorausgehende Satz falsch, wenn er aus dem Ich heraus gesprochen ist. Das Universum, das Eine, erfährt sich als diese Form und sagt „Ich". Die Mystik kennt dafür viele Beispiele. Sie spricht von Sonne und Licht. Ohne Sonne gibt es keine Licht; oder: Quelle und Bach, Wurzel und Baum. Wer nur den Baum anschaut, kann vergessen, dass er Wurzeln hat. Wer nur den Menschen anschaut, kann vergessen, dass Gott seine Wurzel ist. Hat nicht auch Jesus vom Weinstock und den Rebzweigen gesprochen. Damit sind auch die beiden Aspekte der Wirklichkeit klar ausgedrückt. Nicht-Zwei würde die östliche Mystik sagen. Das Eine ist in allem und alles ist auch im Einen. Die Welt ist ein heiliger Organismus. Wir haben uns leider in eine Welt verrannt, in der wir Fremdlinge geworden sind.

Unio mystica

In der theistischen Mystik stirbt das Ich in der „Unio mystica." In der östlichen Mystik gibt es kein Ich, das Permanenz hat. Johannes vom Kreuz drückt es in einem seiner Gedichte auf seine Weise aus:

„Ich trat ein und wusst' nicht wo,
und ich blieb auch ohne Wissen,
alles Wissen übersteigend.

[...] Jeder, der dorthin gelangt,
wird ganz irre an sich selbst.
Alles, was er vorher wusste,
scheint ihm jetzt verschwindend klein.
Und sein Wissen wächst so sehr,
dass er ohne Wissen bleibt, alles Wissen übersteigend."[19]

Teresa beschreibt in ihrem Buch die „Innere Burg" zwei Möglichkeiten der leeren Einheit. Die erste Gestalt der Einheit löst sich auf, wenn der Mensch ins Tagesbewusstsein zurückkehrt: „Bei dieser Gnade des Herrn aber, von der wir jetzt sprechen, gibt es keine Trennung mehr, denn immer bleibt die Seele mit ihrem Gott in jener Mitte. Wir wollen sagen: Die Vereinigung gleicht zwei Wachskerzen, die man so dicht aneinander hält, dass beider Flamme ein einziges Licht bildet; und sie ist jener Einheit ähnlich, zu der der Docht, das Licht und das Wachs verschmelzen. Danach aber kann man leicht eine Kerze von der anderen trennen, so dass es wieder zwei Kerzen sind." Die wirkliche Einheit beschreibt sie mit folgenden Worten: „Hier jedoch ist es, wie wenn Wasser vom Himmel in einen Fluss oder eine Quelle fällt, wo alles nichts als Wasser ist, so dass man weder teilen noch sondern kann, was nun das Wasser des Flusses ist und was das Wasser, das vom Himmel gefallen; oder es ist, wie wenn ein kleines Rinnsal ins Meer fließt, von dem es durch kein Mittel mehr zu scheiden ist; oder aber wie in einem Zimmer mit zwei Fenstern, durch die ein starkes Licht einfällt: dringt es auch getrennt ein, so wird doch alles zu einem Licht."[20]

Die erste Einheit löst sich auf, wenn der Mensch ins Tagesbewusstsein zurückkehrt. Die wirkliche Einheit hingegen ist der Zustand, den die Mystik „Unio Mystica" nennt. Auch in diesem Fall kehren zuletzt das Ich und das Personale zurück. Sie werden

---

[19] Zitiert nach: Walter Repges: Der Sänger der Liebe, Würzburg 1985, S. 114.
[20] Teresa von Ávila: Seelen-Burg – oder: Die Wohnungen der Seele, hg. von Christian Feldmann, Freiburg i. Br. 1998, S. 216.

aber in ihrer Substanzlosigkeit erfahren. Es ist der Moment, in dem das Göttliche sich in dieser Ich-Struktur ausdrückt.[21]

Hadewijch von Antwerpen sagt es noch radikaler: „Ich gehöre nicht mehr mir, es bleibt mir nichts von mir selbst." – „Er hat die Substanz meines Geistes verschlungen." „Die Seele wird mit Gott genau das, was er ist." – „Das Feuer (der Liebe) macht keinen Unterschied, es verzehrt alles, was es erfasst: Ich versichere euch ... von Verdammnis oder Segen ist nicht mehr die Rede. In der Erfüllung der Liebe ist man Gott geworden." „Wer das Wunder verstanden hat, das Gott in seiner Göttlichkeit ist, erscheint oft den Menschen, die diese Erkenntnis nicht haben, gottlos durch ein Übermaß an Gott, unwissend durch ein Übermaß an Wissen"[22] (*Baumer, Manuskript*).

Eckehart schließlich spricht von dieser Einheit, wenn er vom Innersten des Menschen spricht. Er nennt es „Bürglein": „[...] dieses einige Eine ist ohne Weise und ohne Eigenheit. Und drum: Soll Gott je darein lugen, so muss es ihn alle seine göttlichen Namen kosten und seine personhafte Eigenheit; das muss er allzumal draußen lassen, soll er je darein lugen. Vielmehr, so wie er einfaltiges Eins ist, ohne alle Weise und Eigenheit, so ist er weder Vater noch Sohn noch Heiliger Geist in diesem Sinne und ist doch ein Etwas, das weder dies noch das ist" (Predigt 2, S. 164).

Religion – der Vollzug unseres Lebens

Was wir Gott nennen, ist immer ganz da. Gott ist kein Prozess, er ist „das zeitlos Eine". Aber der Mensch kann verschieden viel von dieser Wirklichkeit erfahren, je nach seinem Bewusstseinsstand. Eckehart spricht daher von der Empfänglichkeitsanlage, die wachsen muss. Gott ist immer ganz, wir hingegen wachsen und reifen in ein tieferes Erkennen hinein. In christlicher Sprache formuliert: Das Göttliche offenbart sich, inkarniert sich, kreiert

---

[21] ebd.

[22] Hadewijch von Antwerpen. Hg. von O. Baumer, 1988.

sich als Mensch und als alle die anderen Formen. Unser Leben wird so zur eigentlichen Religion. Der Vollzug unseres Lebens ist eine Epiphanie Gottes. Was wir an rationalen Erkenntnissen theologischer Art noch hinzugewinnen und Religion nennen, ist die Feier dieser Erfahrung und eine Verdeutlichung des mystischen Erlebens im mentalen Bereich. Manche bekommen Angst, weil das doch einer Säkularisierung der Religion gleichkäme. Ich nenne es: Sakralisierung des Lebens. Das scheint mir die Religion der Zukunft zu sein.

Es ist notwendig, dass sich unsere Persönlichkeit entwickelt – dass unserer Verstand und unsere Gefühle reifen. Wir brauchen sie, um einen Beruf zu ergreifen, zu heiraten und Geld zu verdienen. Dazu brauchen wir ein stabiles Ich. Falsch aber ist es, wenn wir glauben, dass wir unser Körper, unsere Gefühle, unser Verstand sind. Wir identifizieren uns mit unserer Person und sagen: Ich bin Arzt, Mutter; wir sagen: ich bin schön, gescheit, reich. Aber das ist nur eine Rolle. Aus dieser falschen Identifikation herauszutreten, bedeutet ein ständiges Verlassen des Selbstbildes. Das Selbstbild, das ein Mensch von sich hat, grenzt ihn ein. Ein großer Anteil unserer Persönlichkeit wird von Glaubenssätzen und Vorstellungen ausgefüllt, die uns in der Kindheit und Jugend eingeprägt wurden und uns heute am Leben hindern.

Sie bestimmen unser religiöses Leben, unsere Beziehungen, unsere Emotionen, unser Verhalten im Beruf und in der Gesellschaft. Wer diese Eingrenzungen durchleuchten und überschreiten kann, erfährt die eigentliche Natur des Geistes, die keinerlei Formen enthält, sich aber in alle Formen ergießt und non-dual, als *eine* Wirklichkeit mit zwei Aspekten erscheint. „Leerheit ist Form und Form ist Leerheit" (Zen). – Das Selbstbild ist gleichsam eine Maske, die im Theater der Griechen eine wichtige Rolle spielte. Durch die Maske, hinter der sich der Schauspieler verbarg, tönt das Eigentliche, das Wahre hervor. Die Maske gehört zu unserem Leben, aber sie ist ohne Permanenz. Sie bleibt uns für dieses Theaterstück, das unser Leben ist.

Leben kann nicht sterben
(Ostern 2003)

In diesen Tagen ist eine Weggefährtin von mir gestorben. Viele Jahre sind wir zusammen einen spirituellen Weg gegangen. Die Frage nach Leid, Sterben, Weiterleben wurde in allen Betroffenen lebendig. In der Ansprache bei der Feier fragte ich mich, was hätte die Verstorbenen uns jetzt zu sagen, wenn sie an meiner Stelle sprechen könnte. Nicht dass ich eine Botschaft von ihr bekommen hätte – nein, es waren Gedanken, die aus unserem langen gemeinsamen Weg hervorgegangen waren. Als Ausgangspunkt wählte ich das Evangelium vom Besuch der Frauen am Grab Jesu. Als sie dorthin kamen, so sagt der Bericht, war der Leichnam Jesu verschwunden. Stattdessen trafen sie eine weiß gekleidete Gestalt an. Auf ihre Frage, ob der Unbekannte wisse, wo Jesu Leichnam sei, gab er ihnen zur Antwort: „Was sucht ihr den Lebenden unter den Toten?" (Lk 23,44-46; 24,1-5). Diese Botschaft hat mich mein ganzes Leben lang zutiefst bewegt und begleitet.

„Was sucht ihr die Lebende unter den Toten? – Das wäre das erste, was uns die Verstorbene fragen würde: „Sucht mich nicht unter den Toten!" Leben kann nicht sterben. Leben kann nur in eine neue Seinsweise eingehen. Wir können uns nicht begreiflich machen, wie das Leben weitergeht und was diese neue Seinsweise ist, aber seid sicher, dass es Lebensweisen gibt, von denen sich die Ratio keine Vorstellung machen kann. – Mit dem Tod ist nur ein Akt des Lebens zu Ende gegangen. Der Tod ist kein Unglück, kein Schicksalsschlag – er ist ein Transitus, ein Hinübergang. Ihr habt gleichsam nur eine Spielgefährtin verloren. Ob und wie wir uns wieder treffen werden, können wir offen lassen. Ob eine Identität dieses Lebens in einem kommenden weitergeht, scheint mir nicht wichtig. Das Leben geht weiter und es ist immer Leben Gottes, ganz gleich, wie es erscheinen mag. Vielleicht werden wir in einem neuen Akt des „Welttheaters", das Gott selber ist, gemeinsam weiterspielen.

Als Zweites würde sie uns wohl sagen: „Trauert, aber lasst mich meinen Weg in die Vollendung weiterziehen." – Trauert!

Auch Jesus hat getrauert. Er weinte am Grab seines Freundes Lazarus. „Aber", würde sie hinzufügen, „haltet mich nicht fest. Ich bin in eine neue Phase des Seins eingetreten. Im Einen sind wir zeitlos miteinander und mit allen Wesen verbunden, so wie das Wasser des Ozeans alle Wellen verbindet. Diese Einheit im Sein ist viel entscheidender als alle personalen Beziehungen. Trauert, aber wisst, dass ich nicht untergegangen bin, sondern in einer ganz anderen, sicher viel reicheren Existenz Erfüllung gefunden habe."

Und noch ein Drittes würde uns die Verstorbene sagen: „Sterben ist ganz anders." Die Menschen, die eine Nahtoderfahrung hinter sich haben, sprechen von einer „Liebenden Macht", der sie begegnet sind, in der sich ihr Leben noch einmal spiegelte. Diese Wirklichkeit, die wir Gott nennen, ist nicht eine richtende und rächende Macht. Wer sie sich so vorstellt, der macht eine Chimäre aus ihr. Sie ist Liebe, und wir dürfen in dieser Liebe noch einmal unser Leben erkennen. Das Christentum hat uns Angst vor dem Tod gemacht. Auch wenn wir nicht mehr an die schrecklichen Bilder von einem Jüngsten Gericht, wie es in mittelalterlichen Gemälden dargestellt ist, glauben, immer noch wird uns das Bild eines Gottes verkündet, der Rechenschaft von uns fordert. Immer noch spielt die Moral im Christentum die entscheidende Rolle. Aber es ist nicht Sache des Glaubens, Vorschriften zu machen. Vielmehr sollte er uns sagen, wer wir sind. Er sollte uns den Adel unseres Seins verkünden. Im Christentum nennen wir das „Kindschaft Gottes", „Leben Gottes", „Reich Gottes". Je tiefer wir diese Seinseinheit erfahren, um so mehr wird sie unser Handeln bestimmen. Wir werden nicht etwas, weil wir uns moralisch verhalten, wir sind etwas von Anfang an, und darum verhalten wir uns „moralisch".

„Sterben ist ganz anders": Ich stelle mir vor, wie die verstorbene Weggefährtin noch einmal zu mir tritt und ich sie fragen könnte, was sie in ihrem Leben ändern würde, wenn sie es noch einmal zu leben hätte. Ihre Antwort wäre gewiss folgende: „Ich würde mich noch einmal und noch intensiver auf die Suche nach dieser Urwirklichkeit machen und noch mehr lieben, denn das ist die Frucht und die unabdingbare Konsequenz aus der Erfahrung der Einheit, Liebe."

Und dann würde sie hinzufügen: „Seid bereit loszulassen!" Loslassen ist nur ein anderes Wort für Hingabe. Sterben gehört zum Strukturprinzip der Schöpfung. Geboren werden und Sterben ist das kosmische Gesetz oder wie wir Christen sagen, der Wille Gottes. Kommen und Gehen ist die „Struktur Gottes". Wäre die Welt am letzten Schöpfungstag stehen geblieben, gäbe es keine Entwicklung. Was wir festhalten, hindert uns am Werden. Wenn wir den Atem festhalten, ersticken wir daran. Wenn wir die Nahrung festhalten, vergiftet sie uns. Nur wer wirklich loslassen kann, kann reifen. Es gibt keine Stagnation. Unser Leben ist ein großes Spiel. Zu diesem Spiel gehört das Lassen-Können. Und was wie Verlieren aussieht, ist Gewinn. „Mein Tod ist der Kuss Gottes, der mich zu Neuem aufweckt", sagte mir kürzlich eine todkranke Freundin.

Leben und Tod sind Gottes Spiel, in dem wir mitspielen dürfen. Ja, sie sind das Spiel „Gott". Wer festhält, ist ein schlechter Mitspieler. Er hindert den Fortgang des Spieles. Und er hindert sich an seiner Entfaltung und Reifung. Sterben ist nach unserer Geburt das wichtigste Ereignis unseres Lebens. Wir sollten daraufhin leben wie auf ein Fest – das Fest unserer Heimkehr zu unserem Ursprung. Wenn wir so vom Sterben überzeugt wären, würden sich auf unseren Friedhöfen statt abgebrochene Palmen und Rosen mehr Zeichen der Auferstehung und Hoffnung finden, und die Kreuzwege in unseren Kirchen würden nicht bei der Grablegung enden, sondern mit der Auferstehung.

Und noch ein Letztes würde sie uns mit auf den Weg geben: „Euer Leben ist die eigentliche Religion." (Wir hatten uns in der letzten Zeit sehr mit diesem Thema befasst.) „Gott will nicht verehrt, er will gelebt werden. So wie ihr seid, seid ihr eine Offenbarung dieser Wirklichkeit Gott. Als Vollzug eueres Lebens offenbart sich Gott. Er möchte als eure Gestalt, zu dieser Zeit, an diesem Platz, in dieser Umgebung über diese Erde gehen. Ihr seid eine Inkarnation Gottes. Jesus ist der Typus, an dem ihr ablesen könnt, wer ihr seid und wie ihr gemeint seid. Was ihr

Religion nennt, ist die gemeinsame Feier dieses eueres Lebens. Aber das Eigentliche, die Wirkliche Religion, ist euer Leben selber. Darin vollzieht sich Gott, wie er sich als Leben Jesu vollzogen hat. Ihr seid eine unverwechselbare Note in dieser ‚Symphonie Gott', die zeitlos erklingt. Gott möchte in euch Mensch sein, wie er in Jesus Mensch gewesen ist. Nicht die Leistung zählt. Ihr werdet nicht etwas durch moralische Anstrengung. Ihr seid von Anfang an Leben Gottes. Je mehr ihr das erkennt und erfahrt, desto vollkommener wird euer Tun und Lassen.

Der Weg geht weiter

Aufbruch in ein neues Land – im Konflikt mit Rom

Die voranstehenden Texte dokumentieren den Lebensweg und die Lehrtätigkeit von Willigis Jäger. In ihnen erfährt man, wie der heute 78 Jahre alte Benediktiner und Zen-Meister über Um- und Nebenwege, am Ende aber doch einigermaßen geradlinig zu seiner Berufung fand, der er seit nunmehr zwanzig Jahren in zahlreichen Kursen und Veröffentlichungen folgt. Nach einer zwölfjährigen, gründlichen Zen-Ausbildung – sechs Jahre davon in Japan – kehrte er als angesehener Zen-Meister nach Deutschland zurück und gründete 1983 das Meditationszentrum „Haus St. Benedikt" in Würzburg. Aus ihm entwickelte sich über die Jahre ein weitverzweigtes Netzwerk von Schülerinnen und Schülern, die die dort praktizierte mystische Spiritualität über ganz Europa verbreiteten und verbreiten. Zuletzt besuchten mehr als 2000 Personen pro Jahr die Kurse des Hauses.

Doch der enorme Zulauf, den Willigis Jäger fand, stieß zunehmend auf Argwohn. Seit Anfang der Neunzigerjahre hatten es sich konservative katholische Gruppen zur Aufgabe gemacht, angeblich belastendes Material über Willigis Jäger zu sammeln und dieses seinem unmittelbaren Vorgesetzten zu übergeben. Zuletzt erreichte die Klage der konservativen Katholiken die römische Glaubenskongregation. Da die Bücher von Willigis Jäger in der Zwischenzeit große Beachtung gefunden hatten (sein letztes Werk „Die Welle ist das Meer" erreichte schon elf Auflagen und wurde bereits in vier Sprachen übersetzt), sah man sich in Rom genötigt, den Verdächtigten um eine Stellungnahme zu den gegen ihn erhobenen Vorwürfen zu bitten.

Der zentrale Vorwurf der Glaubenskongregation hält Pater Willigis vor, die Glaubenswahrheiten der katholischen Kirche persönlichen Erfahrungen unterzuordnen. Dies führe dazu, dass er nicht mehr in der Lage sei, „seine persönliche Glaubensauffassung voll mit der katholischen Glaubenslehre in Übereinstimmung zu bringen". Stattdessen verfälsche er zentrale katholische Dogmen – allem voran das Gottesbild. Ferner wird ihm vorgehalten, es sei ihm nicht gelungen, in zufriedenstellender Weise seine Position zur Wahrheits- und Auferstehungsfrage richtig zu stellen. Im Wesentlichen wird der Vorwurf erhoben, Willigis Jäger bestreite das in den Kapiteln 199 bis 301 des Römischen Katechismus dargelegte Verständnis der Personalität Gottes. Ferner bemängelt die Glaubenskongregation die von Willigis Jäger vertretene Deutung des Wirkens und der Lehre Jesu Christi. Unter Verweis auf die Artikel 436 bis 440 und 490 bis 511 des Römischen Katechismus wird Jäger ermahnt, die Geburtsgeschichte aus Lukas 2 – einschließlich das Dogma von der jungfräulichen Geburt Mariens – als historische Wahrheit anzuerkennen. Damit einher geht der grundsätzliche Vorwurf, die singuläre Heilsmittlerschaft Jesu Christi zu leugnen. Auch die Erbsündenlehre, wie sie im römischen Katechismus in den Artikeln 413 bis 421 entwickelt ist, werde von Willigis Jäger verfälscht, bis zur Bestreitung der Existenz der Person des Teufels. Dies alles zusammengenommen bewegt das Heilige Offizium zu der Vermutung, Willigis Jäger habe unter den Christen eine solche Irritation ausgelöst, dass man sich zum „Schutz der Gläubigen" genötigt sehe, einschneidende Maßnahmen zu ergreifen und ihm alle öffentlichen Tätigkeiten zu untersagen – „damit nicht weiter Verwirrung unter den Gläubigen entsteht", wie das Bischöfliche Ordinariat in Würzburg in einer Pressemeldung vom 24. Januar 2002 formulierte.

Weit über den unmittelbaren Schülerkreis von Willigis Jäger löste diese Nachricht Bestürzung aus. Denn zunächst erschien es vollkommen ungewiss, ob er seine Kurstätigkeit und vor allem seine seelsorgerliche Betreuung würde fortsetzen können. Erst Willigis' Entscheidung, in Münsterschwarzach um eine dreijährige Exklaustration – eine Art Beurlaubung aus dem Kloster – zu bitten, eröffnete einen für alle Seiten gangbaren Weg, auf dem Willigis Jäger seine Aktivitäten fortsetzen können wird. In einem Rundbrief vom August 2002 informierte er die Öffentlichkeit über seinen Entschluss:

Ihr habt gehört, dass mir die Glaubenskongregation von Rom, die unter der Leitung von Kardinal Ratzinger steht, ein Rede-, Schreib- und Auftrittsverbot erteilt hat. Damit hat sie mir – außer in privaten Gesprächen – jeden Kontakt mit Euch untersagt. Nach meiner Zeit des Schweigens und Bedenkens möchte ich Euch den Stand der Dinge mitteilen.

Aus pastoralen Gründen und um der Menschen willen, die ich seelsorglich betreue, habe ich mich entschieden, trotz des römischen Verbotes meine seelsorgliche Tätigkeit weiterzuführen. Ein Ende meiner Tätigkeit würde die Glaubwürdigkeit meiner seelsorglichen Arbeit in Frage stellen und viele Menschen ratlos zurücklassen. Mit dieser Entscheidung folge ich meinem Gewissen.

Um Abt Fidelis und meine Gemeinschaft von Münsterschwarzach – die in dieser schwierigen Zeit sehr loyal zu mir standen – nicht mit den Folgen meiner Entscheidung zu belasten, verlasse ich aus freien Stücken die klösterliche Gemeinschaft und übernehme damit die Verantwortung für mein Handeln. – Ich bat die Leitung unserer Kongregation um Exklaustration, das heißt Beurlaubung für zwei bis drei Jahre. Während dieser Zeit muss ich leider auf meine priesterlichen Fakultäten verzichten und außerhalb des Klosters leben. Zweimal machte ich den Versuch, meine theologischen Aussagen mit der Glaubenskongregation abzustimmen. Nach dem zweiten Versuch kam überraschend das Rede- und Veranstaltungsverbot. Mit einigen Theologen versuche ich seit längerer Zeit, noch einmal eine Terminologie zu Mystik und Theologie zu erarbeiten. Ich hoffe, dass dadurch die Schwierigkeiten mit der Glaubenskongregation behoben werden können.

Nicht wenige von Euch haben durch die Kurse, Vorträge und Veröffentlichungen wieder zu einem lebbaren christlichen Selbstverständnis gefunden. Dazu möchte ich weiter beitragen, um Menschen in die Erfahrung dessen zu führen, was Religionen in ihren Schriften und Riten verkünden.

Wir sind eine Weggemeinschaft. Ich wünsche mir, dass sich diese Weggemeinschaft weiterentwickelt auf den traditionellen

Wegen von Zen und Kontemplation, aber sich auch weiter öffnet für Menschen auf anderen spirituellen Wegen und vor allem auch für Menschen außerhalb der Konfessionen. Mein Bestreben ist zweierlei: Stärkung und Belebung der mystischen Traditionen in den Religionen und ein spirituelles Angebot für Menschen, die in keiner Religion beheimatet sind. Dabei möchte ich eigens betonen, dass es nicht um einen Synkretismus geht. Wer sich in seiner Konfession zu Hause fühlt, soll dort bleiben. Die Weggemeinschaft ist also alles andere als eine Sekte oder eine neue Konfession.

Immer geht es darum, den Urgrund allen Seins als das wahre Wesen im Menschen und im Kosmos zu erkennen. Die Philosophia Perennis, die sich durch alle Religionen hindurchzieht, zeigt uns den Weg in eine mystische Erfahrung und begleitet uns auf diesem Weg. Es gilt, das EINE nicht nur außerhalb zu suchen und zu ehren, sondern als unsere Mitte zu erfahren, in Riten und Ritualen zu feiern und aus dieser Erfahrung heraus den Alltag zu leben. – Wir suchen nach einer Deutung des Daseins aus einer lebensnahen Anthropologie, Philosophie und Theologie unter Berücksichtigung eines zeitgenössischen Weltbildes und den Erkenntnissen der Naturwissenschaft.

Gemeinsam wollen wir Mitgefühl und Liebe zu allem und jedem entwickeln. Sie sind die Grundlage aller Ethik. Sie gelten den Menschen, den Tieren und der gesamten Natur. Daraus ergibt sich, dass unser Lebensstil einfach sein soll als bewusste Gegenreaktion auf die Konsumgesellschaft und als Hilfe für arme Völker.

Die Menschen der Zukunft werden immer mehr interreligiöse Menschen sein, das heißt die mystische Erfahrung wird als der Gipfel der Religionen erkannt werden. Es sind deshalb alle Menschen, ob mit oder ohne Religion, in unserer Weggemeinschaft willkommen.

So kehrte der Benediktinerpater nach 55 Jahren in Münsterschwarzach ausgerechnet im Jahr seines fünfzigjährigen Priesterjubiläums seinem Kloster – vorläufig – den Rücken, um nunmehr als freier Kursleiter und Autor sein Auskommen zu verdienen. Unterstützt wird er dabei vom Verein Spirituelle Wege e.V. in Würzburg, mit dessen Hilfe im Herbst 2002 eine Investorin für ein neues Tagungshaus gefunden werden konnte, in dem voraussichtlich im Herbst 2003 der reguläre Kursbetrieb aufgenommen werden sollte. Kurioserweise handelt es sich dabei um eine ehemalige Benediktinerabtei – Benediktushof genannt – unweit von Würzburg.

Als die Nachricht von dem Rede-, Schreib- und Auftrittsverbot von Willigis Jäger im Frühjahr 2002 die Runde machte, ging ein Sturm der Empörung durch die Öffentlichkeit. Mehr als 300 Briefe wurden seinerzeit an den Würzburger Bischof Paul-Werner Scheele geschrieben. Darin machten Menschen unterschiedlichen Alters und unterschiedlicher Herkunft ihrer Enttäuschung und ihrem Ärger Luft. Es handelt sich dabei um Briefe von Menschen aller Altersgruppen, aller Berufsgruppen, aller sozialen Schichten und zahlreicher Konfessionen: Briefe aus Frankreich, Spanien, England, Ungarn, Tschechien, aus den USA, von den Phillipinen und aus anderen Ländern – sowohl geschrieben von Schülern und Schülerinnen als auch von Menschen, die Willigis Jäger nur durch die Presse, durch Vorträge oder aus seinen Büchern kannten. Einige dieser Zeugnisse sind im Folgenden dokumentiert. Sie alle handeln auf ihre oft sehr persönliche Weise von Aufbrüchen und Umbrüchen, von Wegen in ein neues Land.

„… Ich bin 72 Jahre alt, katholisch, verheiratet, mit fünf Enkeln. Ich habe bis zu meinem 50. Lebensjahr das Leben eines ‚normalen' Sterblichen geführt, der über Geburt, Erziehung und Tradition ein recht durchschnittliches Verhältnis zu seiner Kirche hatte. Ich brauche Ihnen dies nicht zu beschreiben. Dann kam die erste Begegnung mit christlicher Meditation in der Praxis-Gestalt von Zen, aber sie hätte auch eine andere Gestalt haben können. Und da brach dann etwas in mir auf. Ich habe dabei erfahren dürfen, dass wir Menschen eine spirituelle Dimension haben, von der ich mir vorher nicht hätte träumen lassen …"

„... Die Rolle von Pater Willigis war und ist für mich die eines erfahrenen Begleiters auf einem spirituellen Weg. Wenn ich heute auch ein gewisses Maß an Selbständigkeit erreicht habe, so wäre es für mich ein großer Verlust, sollte ich auf die Begleitung durch Pater Willigis in Form von Seminaren und Vorträgen verzichten müssen. Vor allem stellt sich mir die Frage, warum dies so sein sollte? Kann es sich die Kirche heute leisten, einen Mann zum Schweigen zu bringen, der vor allem auch zu jenen einen Kontakt findet, die der Institution Kirche eher fern stehen?..."

„... In all den Jahren hat mir Pater Willigis Jäger auf seine Weise die Tür zum Christentum neu geöffnet. Selbst in seinen Zen-Kursen betont er immer wieder, dass wir in unserer christlichen Mystik einen Schatz haben, der anderen Traditionen und Religionen in nichts nachsteht. Das hat in mir schließlich eine starke Sehnsucht und Liebe zum Göttlichen hin geweckt, und ich bin so dankbar, dass ich in Willigis Jäger einen Lehrer habe, der mir helfen kann, der Erfüllung meiner großen Sehnsucht näher zu kommen. Dabei ist es eigentlich völlig gleich, ob Zen oder Kontemplation, die Botschaft ist immer die gleiche: Selbsthingabe. Und ich durfte in den Kursen wirklich erfahren, dass es ein Weg der Liebe ist, ein Weg des Lassens und der Hingabe."

„... Seit 15 Jahren begleitet mich Pater Willigis auf dem Weg des inneren Betens, der Kontemplation. Als Missionsschwester ist die Kontemplation für mich das „Herz" der Herz-Jesu-Spiritualität. Sie ist der tragende Weg für mein Leben und meine Aufgaben in der Gemeinde und jetzt im Krankenhaus geworden. Erst nach langer Suche und in einer Krise, in der mir niemand raten konnte, fand ich in Pater Willigis einen kompetenten geistlichen Lehrer und Begleiter ..."

„... Ich übe seit über 18 Jahren Zen bei Pater Willigis. Ursprünglich wollte ich zu einem Zen-Meister, wen ich aber traf, war ein Benediktiner und Zen-Meister. Die Begegnung mit Pater Willigis hat in mir mein damals längst vergessen geglaubtes christliches Erbe wiederbelebt. Zwei Jahre nach der ersten Begegnung begann ich, katholische Theologie zu studieren. Die spirituelle Begleitung durch Pater Willigis und die Übung des Zen (so komisch das Letztere vielleicht klingen mag) sind für mich wesentliche Gründe, warum ich mich auch heute noch in der katholischen Kirche beheimatet fühle. ... Durch den Zen-Weg und Pater Willigis bin ich vielleicht nicht gerade ein „pflegeleichter" Christ, aber ohne dies wäre ich wahrscheinlich schon längst kein Christ mehr ..."

„... Pater Willigis gab mir Vertrauen in eine tiefere Dimension und Heilkraft des Lebens jenseits des Sichtbaren und herkömmlich Erfahrbaren. Er legte in mir damit das Fundament für ein neues Verständnis des Christentums, das in mein naturwissenschaftliches Weltbild passt und war mit der Authentizität seines Auftretens und seiner Argumentationsweise immer ein leuchtendes Beispiel für die Lebensnähe des Christentums in der katholischen Ausprägung, so dass ich mich entschied, zu dieser Kirche zu konvertieren ..."

„... Neben der Kraft, Güte und Toleranz von Pater Willigis sind es gerade seine Sprache und seine dem heutigen Wissensstand entsprechenden Bilder der Botschaft Jesu, die die Menschen weithin erreichen. Für mich war er eine Hilfe, aus den Bildern meiner kindlichen Religiosität zu einer reiferen, erwachseneren Form zu gelangen ..."

„... Was für mich außerdem noch sehr wichtig war, war die Tatsache, dass er in seinen Kursen immer wieder deutlich gemacht hat, dass der eigene Weg nach innen nicht von seiner Person abhängig ist. Er wollte nie ein „Guru" sein, er wollte immer nur seine Schüler und Schülerinnen begleiten, um ihnen Hilfe zu sein auf ihrem Weg und um sie zu unterstützen ..."

„... Ich kann kaum glauben, dass ausgerechnet eine christliche Kirche einem Theologen das Wort verbietet, der seine ganze

Arbeit der Frage nach dem Sinn des Lebens widmet und Antworten gibt, die aus der ureigensten Quelle christlicher Weisheit entspringen ..."

„... Warum muss diese Stimme schweigen? Könnten seine kritischen Äußerungen zur Institution Kirche hierfür allein maßgebend sein? Welche Angst beherrscht die Verantwortlichen, dass sie sich zu einer solchen Maßnahme gezwungen sehen? Ist es der Verlust von Einfluss auf Gläubige, der dann droht, wenn ein Mensch mit mystischen Erfahrungen sich nur seinem Gott verantwortlich fühlt und Ihm alleine dient? ..."

„... Unsere Kirchen müssen für Glauben und Denken einen größeren Rahmen bieten, um den Menschen heute eine Heimat, eine Kirche zu sein. Das bedeutet zugleich, dass sie zu mehr Toleranz unter den Gläubigen und unter den Religionen erziehen müssen. Unsere Gottesbilder und Gottesvorstellungen sind doch nur Bilder und Vorstellungen der Einen Wirklichkeit, die unaussprechbar und unvorstellbar ist für uns Menschen. Und doch können wir auf vielfache Weise mit dieser Wirklichkeit, die wir Gott nennen, in Verbindung sein. ..."

„... Meine Erfahrungen mit Predigten und Auslegungen von Bibeltexten waren in früheren Jahren eher problematisch, so dass ich mich von der Kirche entfernt hatte. Ich erwarte von einem Priester, dass er mir nicht blinden Glauben predigt, sondern auch auf meine kognitiven Anforderungen eingehen kann. Wir leben in einer aufgeklärten Zeit, nicht mehr im Mittelalter, so möchte ich im Glauben auch verstehen können. Genau diese Anforderungen kann Pater Willigis erfüllen. Er erklärt in wunderbarer Weise Textstellen, die in einer Zeit verfasst wurden, die wir heute schwer verstehen können, so zeitadäquat, dass sie annehmbar und verständlich sind. So konnte ich meinen Glauben wieder neu finden und damit der Kirche auch wieder näher rücken. Wer „in die Stille" geht, so wie Pater Willigis mich und auch viele andere suchende Menschen angeleitet hat, erfährt eine Vertiefung des religiösen Bewusstseins. Damit verbunden wächst selbstverständlich auch Liebe und Toleranz. Wo bleibt diese Liebe innerhalb der römischen Kirche?..."

„... In unserer so pluralistisch gewordenen Gesellschaft habe ich tagtäglich mit der Erfahrung umzugehen, dass jede „Wahrheit" immer nur eine Annäherung ist. Wissenschaftliche Lehrmeinungen bleiben selten unwidersprochen von anderen Wissenschaftlern und werden unweigerlich irgendwann durch neue ersetzt. Entscheidungen über richtiges und falsches Handeln können schier nicht mehr getroffen werden, weil die Zusammenhänge so komplex sind. ‚Leitbilder' werden allerorten krampfhaft entwickelt, um sich wenigstens für eine Gruppe von Menschen eine gemeinsame Orientierung zu geben. Und von wo kommt mir Hilfe? Wie kann ich Gottes Stimme hören, die mich durch mein Leben geleitet? Äußere Weisungen, wie etwa kirchliche Dogmen, helfen da wenig, weil ich den Bezug zu meinem Leben erst finden muss, sie bedeuten mir erst mal nichts, sind leere Worte. Die „Wahrheit", die die Intellektuelleren längst verinnerlicht haben, ist, dass alles auch anders sein könnte – und es führt kein Weg zurück. – Wohl aber gibt es einen Weg nach vorne zu einer nicht etwa beliebig subjektiv gesetzten, sondern einer innerlich im Subjekt erfahrenen Wahrheit mit hohem Bedeutungsgehalt. Es sind Menschen mit solchen Beweggründen, die zu Willigis Jäger (und anderen – auch außerhalb der Kirchen) gehen und mit tiefer innerer Bewegung erfahren, dass eine absolute Wahrheit existiert, die erfahren werden und als persönliche Orientierung wirksam werden kann. Ich selber erlebe Willigis Jäger als zutiefst authentischen Vermittler Gottes – und das sogar, obwohl ich mit einigen seiner Meinungen nicht übereinstimme. Diese Meinungen sind aber nicht das Wesentliche, höchstens können sie Brücken bauen. Auch sie lasse ich mir nicht zum Dogma werden, auch sie sind nur Formen. – Das Wesentliche ist lebendige, geistvolle Wirklichkeit „Die Liebe hört niemals auf, während doch (...) die Erkenntnis aufhören wird. Denn unser Wissen ist Stückwerk" (1. Korinther, 8–13)."

Es ist nur Liebe –
Gespräch mit Willigis Jäger

Im Herbst 1999 erschien unter der Überschrift „Die Welle ist das Meer" ein langes Interview, in dem Willigis Jäger seine theologischen Grundüberzeugungen vor dem Hintergrund der mystischen Spiritualität entwickelte. Nicht zuletzt diese Ausführungen haben dazu geführt, dass ihm von der römischen Glaubenskongregation unter Josef Kardinal Ratzinger ein Rede- und Publikationsverbot erteilt wurde. Im August 2002 ist Willigis Jäger mit seinem damaligen Gesprächspartner, Christoph Quarch, erneut zu einem Gespräch zusammengekommen.

Pater Willigis, Sie sind seit fünfzig Jahren Priester der römisch-katholischen Kirche. Und nun ereilt Sie just in diesem Jubiläumsjahr von höchster Stelle ein Rede- und Publikationsverbot. Die römische Glaubenskongregation wirft Ihnen vor, den Boden der christlichen Glaubenswahrheiten verlassen zu haben. Wie ist es dazu gekommen?

Seit zehn Jahren verklagen mich einige Fundamentalisten bei meinem Abt, beim Würzburger Bischof und beim päpstlichen Nuntius in Deutschland. Sie werfen mir Abweichungen von der katholischen Dogmatik vor. Daraufhin legte mir die Glaubenskongregation vor zwei Jahren in einem Brief an meinen Abt einige Artikel aus dem Römischen Katechismus vor, gegen die ich verstoßen würde. Ich versuchte in einem Antwortschreiben meinen Standort zu klären, was mir allerdings nicht gelang. Auch in einem zweiten Versuch konnte ich die Unstimmigkeiten nicht ausräumen. Meiner Bitte, noch einmal klar zu sagen, was in meiner Verkündigung anstößig sei, wurde nicht entsprochen. Stattdessen erhielt ich ein Rede-, Schreib- und Kursverbot.

Wie gehen Sie damit um?

Das Verbot hätte mich vollkommen von den Menschen abgeschnitten, die ich begleite. Lediglich persönliche Gespräche wären mir noch gestattet gewesen. Deswegen bat ich zunächst um eine dreimonatige Bedenkzeit. An deren Ende habe ich mich entschlossen, bei meinem Kloster um eine dreijährige Exklaustration, also quasi eine „Beurlaubung", zu bitten. Leitend war dabei die Sorge um die Menschen, denen ich als Seelsorger in ihrer Glaubensnot helfe – zumal denjenigen, die durch das Verhalten der Glaubenskongregation irritiert sind. Dies hat allerdings seinen Preis: Um die Exklaustration bewilligt zu bekommen, musste ich auf meine priesterlichen Fakultäten verzichten. Weder darf ich Eucharistiefeiern halten noch Sakramente spenden. So entsteht die paradoxe Situation, dass ich, um meine seelsorgliche Tätigkeit weiterführen zu können, auf meine priesterlichen Funktionen verzichten muss, obgleich sie wesentlich zur Seelsorge gehören. Lassen Sie mich bei dieser Gelegenheit aber auch sagen, dass die Exklaustration im Einvernehmen mit meinen Mitbrüdern geschieht und dass uns nach wie vor mitbrüderliche Freundschaft verbindet.

Sind Sie von Ihrer Kirche enttäuscht?

Darum geht es nicht. Mir tut es leid um die Menschen. Ich habe Kinder, Jugendliche und Erwachsene getauft und manche wieder in die Kirche zurückgeführt. Ich habe der Kirche fünfzig Jahre lang mit Leidenschaft gedient, jetzt bindet sie mir die Hände und verunsichert dadurch viele, die nicht verstehen können, was der Sinn der Maßregelung sein soll. Nicht wenige sind daher aus der Kirche ausgetreten.

Werden Sie ihnen folgen?

In mir ist weder Ärger noch Aggression gegen die Glaubensbehörde in Rom. Ich empfinde lediglich Trauer darüber, dass so viele Menschen verunsichert worden sind. *Dadurch* wird der Kirche

Schaden zugefügt. Und, offen gestanden: Ich schäme mich, dass so etwas im 21. Jahrhundert noch möglich ist. Ich schäme mich der Institution meiner Kirche, die mir und anderen ein naives Glaubensverständnis aufzwingen will. Ich schäme mich vor allem vor meinen buddhistischen und hinduistischen Freunden, die nicht begreifen können, was das Verbot soll. Dort kennt man keine „Glaubenskongregation" und keinen Katechismus. Dort geht es darum, den „Religionsgründern" auf ihrem spirituellen Weg zu folgen und darin den Menschen zu helfen. Ich bin davon überzeugt, dass wir genau das von den östlichen Religionen lernen können. Es wäre viel erreicht, wenn wir Christsein so verstünden, dass wir unser religiöses Leben daran messen, wie Jesus gelebt und was er gelehrt hat. Und ich sehe meine Aufgabe nicht zuletzt darin, die Menschen unserer Zeit dazu zu ermutigen und sie auf ihrem Weg zu begleiten. Deswegen habe ich auch nicht vor, die Kirche zu verlassen: Es geht mir um die Menschen und um die Sache.

Da muss es doch verwundern, dass Ihnen von Seiten der römischen Kurie – und nicht nur von dort – so viel Widerstand entgegen gebracht wird. Haben Sie eine Erklärung dafür?

Ich habe den Eindruck, dass es der Glaubenskongregation sehr um den Erhalt ihrer Macht geht. Das Heil der Menschen gerät dabei mehr und mehr aus dem Blick, die Seelsorge tritt hinter das Kirchenrecht zurück. Aber das Kirchenrecht und das Evangelium klaffen weit auseinander. Das sehen Sie schon daran, dass mit dem Kirchenrecht in der Hand Menschen verurteilt werden. Denken Sie nur an das Schicksal großer Theologen wie Ives Congar, Teilhard de Chardin oder Karl Rahner. Es ist einfach beschämend, wie man Theologen und Priester behandelt hat und behandelt.

Aber warum?

Im Hintergrund dieser Ablehnung steht wohl vor allem eines: Angst. Es ist die Angst, das festgefügte Glaubensgebäude der christlichen Kirchen könnte unterwandert werden, es könnten wichtige und tragende Bausteine aus ihm entfernt werden, so dass es am Ende zusammenstürzt.

Ist diese Angst berechtigt?

Jede Religion beruht auf zwei Säulen: der Theologie und der Mystik. Für den Bestand einer Religion ist entscheidend, dass beide Säulen tragen. Nun steht die theologische Säule im Glaubensgebäude der Christenheit so fest, dass sie nicht einfach so zusammenstürzt. Eine Gefahr besteht vielmehr darin, dass der spirituellen Säule die Aufmerksamkeit entzogen wird. Wenn ich mich unter Berufung auf die Tradition der Mystik daran mache, ihr diese Aufmerksamkeit wieder zukommen zu lassen, dann gefährde ich damit keineswegs die christliche Religion. Das heißt nicht, dass ich die Erfahrung für wichtiger halte als die Theologie. Beide Säulen müssen korrespondieren und sich wechselseitig stärken. Wo das geschieht, nutzt es dem gesamten Gebäude. Und es kann wachsen. Tatsächlich scheint es mir an der Zeit zu sein, das christliche Glaubensgebäude wieder durch die Mystik zu stützen. Ken Wilber fand dafür einmal ein treffendes Bild: Die Beschäftigung und Betriebsamkeit der Theologie gleicht dem unermüdlichen Verrücken von Möbeln innerhalb desselben Stockwerks, bei dem gar nicht erst die Möglichkeit in Betracht gezogen wird, in eine höhere Etage zu ziehen oder das Gebäude um ein Stockwerk zu erweitern. Dafür bedarf es der spirituellen Erfahrung. Daran möchte ich mitarbeiten.

Wie stehen die Theologen zu ihnen? Finden Sie unter ihnen Gleichgesinnte?

Manche Theologen werfen mir vor, meine Aussagen seien untheologisch, weil ich manchen Wahrheiten eine zeitgemäße Deutung zu geben versuche. Wer den Menschen von heute erreichen will, muss auch versuchen, seine Sprache zu sprechen. Ich habe die neueste theologische Literatur gründlich angeschaut. Die wesentlichen Fragen bleiben für mich unbefriedigend beantwortet. Sie unterscheiden sich nicht viel von den Antworten meines Katechismus, mit dem ich 1931 eingeschult worden bin.

Ist das auch der Grund dafür, dass Sie sich entschieden haben, dem römischen Redeverbot zu trotzen und Ihre Arbeit als Seelsorger und spiritueller Lehrer fortzusetzen?

Mein Anliegen ist es, den Menschen von heute die alten Glaubenswahrheiten neu zu erschließen. Sehr viele haben ihre naiven Kindheitsvorstellungen von Gott einfach hinter sich gelassen und haben der Kirche den Rücken gekehrt. Das kann man ihnen nicht vorwerfen, denn in den Kirchen findet sich kaum jemand, der sich die Mühe macht, sie in ein religiöses Erwachsenenalter zu führen. Der Gott der Psalmen und der alttestamentlichen Geschichten ist der Gott von Nomaden und Bauern. Das Vokabular, das den Kirchenvätern zur Verfügung stand, kam aus der griechischen Philosophie. Sie wurde von der Scholastik und Neu-Scholastik mehr oder weniger übernommen. Mit ihrer Sprache aber ist in einer globalen Industrie- und Mediengesellschaft Gott nicht mehr zu vermitteln. Das ist nicht mehr die Sprache, die unsere Zeit spricht. Unser Lebensgefühl, unser Denken, unsere Sorgen und Bedürfnisse sind damit nicht erreichbar. Wir sind besetzt von Arbeit, Freizeit, Aufgaben, Interessen, Plänen und Vergnügen. Zeit ist Mangelware. Wir haben andere Kultbilder, andere Katastrophen, andere politische Strukturen und Organisationen. Sie haben auch unsere religiöse Vorstellungswelt verändert. Unsere soziale Verantwortung ist weltumspannend geworden. Wir haben bahnbrechende wissenschaftliche Erkenntnisse gewonnen, die es uns ermöglichen würden, auch theologische Fragen ganz anders zu stellen und zu beantworten. Aber diese Einsichten werden von den Kirchen und ihren Theologen oft nicht wahrgenommen. Das alles hat fatale Folgen für die Menschen innerhalb und außerhalb der Kirchen. Sie finden die klerikale Verwaltung des Wortes unerträglich und geraten in einen äußersten Sprachnotstand.

Zum Beispiel?

Die Ergebnisse der Bibelkritik, von der Kirche lange verschwiegen, werden heute auch unter den Gläubigen bekannt. Beiträge erscheinen in der Boulevard-Presse und jedermann kann sie nachlesen. Viele sind irritiert. Die einen reagieren darauf mit Ablehnung des Christentums und treten aus der Kirche aus, die anderen flüchten sich in einen fatalen Fundamentalismus. Die Bibel ist kein historisches Buch, sondern Heilsgeschichte. Die Erzählungen, Mythen, Geschichten, Sagen, Legenden, Märchen und Novellen wollen nicht berichten, wie es wirklich war. Mythische Weltsicht, mythische Rede, symbolische Sprache versuchen in urmenschlichen Bildern eine Sinn-Deutung des Menschen und der Welt. Sie sind zeitlos und müssen für jede Zeit neu ausgedeutet werden.

Die Erkenntnisse der Naturwissenschaft wie auch die der Psychologie haben zu einer ganz neuen Anthropologie geführt, und die Astrophysik verweist Erde und Mensch an einen absolut unbedeutenden Rand des Kosmos. Wir sind an einer Grenze angelangt, die ein rationales Begreifen des Universums zutiefst erschüttert. Gleichzeitig entdeckt die Transpersonale Psychologie Bewusstseinsräume, aus denen uns Menschen ganz neue Erkenntnisse über uns und die Welt zuwachsen. Wir werden deutlich auf das verwiesen, was wir Transzendenz nennen. Der Kosmos und unsere menschliche Existenz lassen sich aus den traditionellen Formulierungen nicht erklären. Die Evolution scheint uns in transpersonalen Bewusstseinsräumen neue Möglichkeiten des Verstehens zu erschließen. Es sind Räume, die der Mystik seit Jahrtausenden bekannt sind. Es sind die mystischen Wege, wie sie auch den Christen bekannt sind. Aus dieser mystischen Sicht und Erfahrung möchte ich den Menschen eine zeitgemäße Deutung ihres Lebens geben.

Was heißt das konkret?

Kaum ein Religionslehrer lehrt heute eine Erlösungstheologie, wie sie im Katechismus steht. Stattdessen verwenden viele Lehrer meine von Rom beanstandeten Bücher in ihrem Unterricht. Einer von ihnen sagte mir ganz offen, er habe eine Familie und müsse daher konform mit der Kirche gehen, eine andere berichtete traurig, sie müsse Dinge lehren, an die sie selber nicht mehr glaube. Wenn Sie diese Menschen hören, dann wird Ihnen deutlich, dass wir nicht ewig Glaubensartikel aus dem 5. Jahrhundert wiederholen können, ohne sie für unsere Zeit zu interpretieren.

Wie würde demgegenüber eine zeitgemäße Interpretation aussehen?

Sie würde sich vor allem darin auszeichnen, dass sie die religiöse Erfahrung wieder mehr in das Zentrum ihrer Arbeit rückt. Wie in keinem anderen Kulturkreis hat die westliche Welt die religiöse diese Erfahrung ausgeblendet oder gar bekämpft. So wurde die mystische Spiritualität der Rationalität und einer vermeintlichen Wissenschaftlichkeit geopfert. Die Dogmatik und Fundamentaltheologie reden mit einem großen Wortaufwand und einer immer künstlicher werdenden Sprache an den Menschen vorbei. Wenn ich theologische Bücher und Zeitschriften studiere, frage ich mich am Ende jedes Mal: Was glauben die Verfasser wirklich? Sie verschanzen sich hinter ihrer Forschungsarbeit, aus der sie keine Konsequenzen ziehen. Wir können in dieser Hinsicht viel von den östlichen Religionen lernen: In der Mitte buddhistischer Universitäten liegt das Zendo oder Dojo – der Meditationsraum. Er steht gleichberechtigt neben – in gewisser Hinsicht sogar vor – dem Katheder. Ein solcher Raum für das religiöse Erleben fehlt unserer Theologie.

Aber hätte eine Fokussierung auf das religiösen Erleben nicht zur Folge, dass der Subjektivität spiritueller Erfahrungen mehr Gewicht beigemessen wird als der aus einer wissenschaftlichen Bemühung hervorgegangenen theologischen Dogmatik? Jedenfalls wird Ihnen aus Rom unter anderem vorgeworfen, Ihre persönlichen Erfahrungen über die „Glaubenswahrheiten der Kirche" zu stellen.

Dieser Vorwurf ist unberechtigt. So etwas habe ich nie getan. Ich fühle mich meiner Kirche zugehörig und würde mich nie in irgendeiner Weise „über" sie stellen. Alles was ich versuche, ist, den Menschen des 21. Jahrhunderts eine Deutung der überlieferten Glaubenswahrheiten anzubieten, die ihnen in ihren Ängsten und Zweifeln Lebenshilfe bietet und sie in ihrer Sinnsuche nicht allein lässt. Immer mehr Menschen leiden unter Depressionen, immer weniger Zeitgenossen gelingt es, in ihrem Leben einen dauerhaften Sinn zu erkennen. Und Mangel an Sinn macht krank. Hier wären die Kirchen gefordert. Es wäre ihre Aufgabe, den Menschen Sinnperspektiven aufzuweisen – aber sie scheinen die Menschen nicht mehr zu erreichen. Die mythischen Bilder der Überlieferung bedürfen einer zeitgemäßen Interpretation. Auch die moralischen Verpflichtungen, die von der Kirche aufgestellt werden, sind nicht mehr ohne weiteres nachvollziehbar. Die alten Heilswege brauchen neue Verdeutlichungen. Eine Abkehr vom Entweder-oder-Denken – Gott-Teufel, Himmel-Erde, Fleisch-Geist, Sünde-Gnade – ist überfällig. Dabei können die östlichen Religionen unseren Horizont erweitern. Wenn wir mit ihnen ins Gespräch treten, lernen wir aber auch, dass wir die Auseinandersetzung mit ihnen nur bestehen werden, wenn es uns gelingt, unsere mystische Tradition wieder lebendig zu machen.

Und wie kann dies geschehen?

Indem wir uns zunächst darüber klar werden, wie und wo Sinn entsteht. Ich bin der sicheren Überzeugung, dass dem Menschen Sinn allem voran aus der gelebten persönlichen religiösen Erfahrung erwächst. Für unsere christlichen Kirchen bedeutet dies, dass die von ihnen verkündete Frohe Botschaft nur dann die Menschen erreichen wird, wenn sie deren Wahrheit am eigenen Leibe in ihrer jeweiligen Lebenssituation erfahren können. Das setzt aber voraus, dass unsere Theologen eine Sprache sprechen, die von den Menschen verstanden wird: dass Sie eine Auslegung der christlichen Glaubenswahrheiten vortragen, die von den Menschen als mögliche Antwort auf ihre Fragen erkannt werden kann. Sie wollen keine Antworten auf Fragen, die sie nicht haben.

Gibt Ihnen das das Recht, die traditionelle Sprache hinter sich zu lassen?

Es geht hier nicht um Recht oder Unrecht, sondern um Seelsorge. Und für mich als Seelsorger im 21. Jahrhundert muss es möglich sein, sagen zu dürfen, was mir Jesus Christus bedeutet – und was er für die vielen Menschen bedeuten kann, die auf der Suche sind, die die Kirche verlassen haben oder gar nicht erst getauft sind. Für sie möchte ich den Grundbestand des christlichen Glaubens wieder zugänglich machen, indem ich die zu leeren Sprachhülsen verkommenen Formeln, Dogmen und mythischen Bilder aus der gelebten spirituellen Erfahrung neu interpretiere. Denn sie können diese Begriffe nicht mehr verstehen – oder sie wollen sie nicht mehr verstehen, weil ihnen eine naive Interpretation zugemutet wird, die zu glauben ihnen ihre Bildung und intellektuelle Redlichkeit verbietet. Sie können diese Sprachhülsen nicht mehr in ihr Leben übersetzen. Also müssen sie gedeutet werden. Ich tue dies vor allem als Seelsorger.

Was ist für Sie eine „naive Interpretation"? Haben Sie ein Beispiel?

Etwa 15 Milliarden Jahre soll dieses Universum alt sein. Naiv ist für mich die Vorstellung, die Menschheit – diese Spezies Homo sapiens, die erst seit ein paar Millionen Jahren überhaupt aus der Evolution hervorgegangen ist – sei als ganze in einem anfänglichen Sündenfall der Ursünde erlegen und daher der Erlösung durch den Kreuzestod Jesu Christi bedürftig. Das heißt aber nicht, dass ich den Begriffen Ursünde und Erlösung nicht einen Sinn abgewinne, der auch heute verständlich ist. Was wir Ursünde nennen, können wir gut als das Aufsteigen des personalen Bewusstseins aus einem archaischen Vorbewusstsein deuten –

genau das, was in der biblischen Sündenfallgeschichte die Schlange verheißt, wenn sie Eva verspricht, dass sie künftig über „gut" und „böse" urteilen können wird, so sie vom Baum der Erkenntnis nascht. Mit dieser Urteils- und Unterscheidungsfähigkeit wird der Mensch in die Lage versetzt, sich gegen das Strukturprinzip der Evolution, gegen das Leben selbst zu wenden. Und eben das ist unsere Ursünde: dass wir in unserem Egozentrismus unser Eingebettetsein in den Kosmos nicht mehr erkennen und uns so verschließen gegen die Grundstruktur des holistischen Kosmos und der Evolution, was letztlich heißt, gegen die Grundstruktur Gottes. Auch das, was wir das „Böse" nennen, was wir „Leid" und „Tod" nennen, gehört wesentlich zu dieser Grundstruktur der Schöpfung. Es ist die dunkle Seite Gottes, die wir rational nicht verstehen. Wir verstehen es nicht, wenn die Erde bebt und Zehntausende jämmerlich zu Grunde gehen. Wir verstehen es nicht, dass Galaxien kommen und gehen. Aber wir ahnen, dass dies nichts mit einem anfänglichen Sündenfall zu tun haben kann. Es wäre naiv, irgendein Geschehen als Reaktion Gottes auf irgendeine Sünde zu interpretieren. Nicht naiv ist es hingegen, in dieser Polarität die eine Grundstruktur Gottes zu erkennen. Gott ist Leben und Sterben, Kommen und Gehen, Geburt und Tod.

Das Christentum verspricht seinen Gläubigen die Vergebung der Sünden und die Erlösung von Schuld im Heilsereignis der Kreuzigung und Auferstehung Jesu Christi. Verliert mit der von Ihnen skizzierten Deutung des Begriffs Sünde dieser Kern der christlichen Lehre nicht seinen Sinn?

Erlösung bedeutet in der Mystik des Osten und Westens das Erkennen der Wirklichkeit, d.h. die Einheit zu erkennen, in die wir eingebettet sind. Wenn ich erfahre, wer ich wirklich bin, dann erkenne ich meine Einheit mit der Urwirklichkeit, die wir Gott nennen. Ich bin wie die Masche eines Netzes. Eine Masche allein macht keinen Sinn. Erst in Einheit mit den anderen werde ich zu einem sinnvollen Netz.

Ist das aber nicht eine sehr rationalistische Theologie? Wo bleibt da die Ganzheitlichkeit der mystischen Erfahrung?

Was bedeutet: „Erkennen, wer ich wirklich bin", „Erkennen, was wirklich ist"? Es meint jedenfalls kein rationales Erkennen, sondern eine Erfahrung im transpersonalen Raum des Bewusstseins. Unsere Ratio denkt immer in Unterschieden und Differenzierungen. Aber die eine Wirklichkeit Gott kennt in sich keine Unterschiede. Deswegen hinken alle Aussagen, die man rational über Gott macht. Sie sind der Versuch, etwas zu deuten und zu definieren, das man rational weder deuten noch definieren kann. Eine Zen-Weisheit sagt: „Mit der Ratio schaust du wie durch ein Schilfrohr zum Himmel." Mit ihr erkennen wir immer nur einen Ausschnitt, nie das Ganze. Etwa dasselbe meint wohl auch der Apostel Paulus, wenn er sagt: „Jetzt erkenne ich stückweise, dann aber werde ich erkennen, wie ich erkannt bin" (1 Kor. 12).

Wenn Erlösung nichts anderes als Erkenntnis Gottes ist, verlieren dann nicht fundamentale christliche Begriffe wie Gnade und Rechtfertigung ihren Sinn?

Nur, wenn Sie Gnade und Rechtfertigung als Qualitäten einer Zuteilung deuten, die ein anderer für Sie oder an Ihrer Stelle erbracht hat – kurz: als Formen der Zuwendung eines personal verstandenen Gottes, der sich zu der von ihm geschaffenen Welt urteilend und verurteilend verhält. Aber genau diese duale Sichtweise – hier Gott, da Welt – wird von der mystischen Erfahrung überstiegen. Wer in dieser Erfahrung Gott als die sich im Universum manifestierende Urwirklichkeit erfährt, wird diese duale Sichtweise ablegen. Und damit verändert sich dann auch sein Verständnis der Begriffe Gnade und Rechtfertigung. Er erfährt die erste Wirklichkeit selbst als „gnädig", sofern sie sich *in* ihm jederzeit und an jedem Ort darbietet – und er erfährt sich als „gerechtfertigt", sofern er erkennt, dass er in der ersten Wirklichkeit, in Gott, immer schon aufgehoben und aufgenommen ist – und dass er von sich aus keinerlei Leistung erbringen muss, um in sie einzutreten. Im Gegenteil: Gerade indem er alles Leisten und alles Wollen hinter sich lässt, wird sich Gott in ihm auftun. Gnade und Rechtfertigung sind so gesehen nichts, das von außen auf uns zukommt, sondern sie kommen von innen her. Und sie kommen dann, wenn wir zu einer veränderten Weltsicht gelangen. Dass wir dorthin gelangen können: das ist Gnade. Aber sie *gibt* kein Gott, sie *gibt* nicht Jesus Christus. Jesus Christus weist den Weg, wie wir dorthin gelangen können. Er ist mein Begleiter dorthin.

Aber führt diese Deutung den Begriff der „Rechtfertigung" nicht ad absurdum? Denn zum Geschehen der Rechtfertigung gehört doch offenbar einer, der rechtfertigt.

Gut, wenn der Begriff einen personalen Richter-Gott voraussetzt, dann ist er mit einer aus der mystischen Erfahrung hervorgehenden Theologie nicht zu vereinbaren. Aber seine Konsequenz – nämlich die Zusage an den Menschen, dass er immer schon von Gott angenommen ist und sich sein Heil nicht erkaufen muss – lässt sich sinnvoll aus dieser heraus interpretieren. Das bedeutet dann aber auch, die Begriffe „Rechtfertigung", „Erlösung", „Heil" von allen moralischen Anklängen zu befreien. Man muss sich nicht gegenüber irgendeiner Instanz rechtfertigen, allenfalls vor dem Grundprinzip des Lebens, das sich in mir manifestiert.

Ist das eine Absage an alle Moral?

Ja und Nein. Versteht man Moral als das Befolgen von Handlungsanweisungen, die ein anderer mir vorschreibt und an die ich mich zu halten habe, um von ihm belohnt zu werden, dann ist es eine Absage an die Moral. Wenn ich aber das „du sollst" und „du musst", wenn ich die moralischen Gesetze und Regeln als Konsequenzen, als die Grundstruktur der Urwirklichkeit verstehe, dann sind sie mir verpflichtende Orientierungshilfen, um die Einheit mit dieser Urwirklichkeit, mit Gott, in meinem Leben zu realisieren. Denn dann begreife ich, dass ich gegen mich selbst verstoße, wenn ich sie missachte.

Sie sagen: Jesus Christus ist für uns ein Begleiter auf dem Weg zu der Erkenntnis der Grundstruktur des Lebens, der Urwirklichkeit, Gottes. Sie sagen: Er weist uns den Weg, wie wir diese Urwirklichkeit in uns selbst realisieren und zu ihr erwachen können, wie sie uns von innen her durchdringen und verwandeln kann. Wie verträgt sich dies mit der vom Christentum betonten Einmaligkeit und Einzigkeit des Heilsereignisses in Jesus Christus? Von Rom wird Ihnen vorgehalten, gegen dieses zentrale Dogma zu verstoßen.

Der Kern der Verkündigung Jesu besteht in einem einfachen Satz: „Kehrt um, das Reich Gottes ist nahe!" Was ist das „Reich Gottes"? Das „Reich Gottes" ist nichts anderes als die Erkenntnis der Wirklichkeit. „Erlöser" ist Jesus dann in dem Sinne, dass er uns den Weg zeigt, um das Reich Gottes als unser wahres Wesen zu erfahren. Er tut dies zum einen durch seine Verkündigung, zum anderen aber auch durch sein Leben und Wirken. So wird er zum Typus, an dem ich erkennen kann, wer ich bin und wer ich sein soll. Typus ist er aber nicht nur für den Menschen, sondern für die gesamte Schöpfung. Er ist ein Zeichen für die Inkarnation Gottes in allem, was Gestalt geworden ist. An ihm erkennen wir, dass alles eine Inkarnation Gottes ist: jeder Mensch, jedes Tier, jeder Baum. Der Prolog des Johannes-Evangeliums nennt ihn deshalb den Fleisch gewordenen *Logos*. *Logos* ist das Grundprinzip des Universums, das sich in allem, was ist, manifestiert.

Seit dem Konzil von Chalkedon (451) bekennt die Christenheit Christus als „wahrer Mensch" und „wahrer Gott", in zwei Naturen, die weder miteinander vermischt noch von einander getrennt sind. Können Sie diesem Bekenntnis noch folgen?

Ich frage mich manchmal, zu welchem Ergebnis wohl heute ein „Chalkedon II" kommen würde – was herauskäme, wenn wir versuchen würden, Christus zu erklären *nach* Galilei, *nach* Darwin, *nach* Freud und Jung, *nach* den Erkenntnissen der Astrophysik, der Quantentheorie, der Transpersonalen Psychologie, dem gewandelten Menschenbild der modernen Anthropologie und Neurobiologie? Unverzichtbar in diesem Zusammenhang wären auch Erkenntnisse von Eckehart, Nikolaus von Kues, Spinoza, Schleiermacher, Hegel, Kant und Wittgenstein und nicht zuletzt die Erfahrungen der großen Weisen Asiens.

Und: Was käme dabei heraus?

Ich vermute, dass die Lehre von den zwei Naturen Christi neu interpretiert werden würde. Vielleicht würde man in den beiden „Naturen" die beiden Grund-Aspekte der Wirklichkeit erkennen. Denn das ganze Universum hat diese „zwei Naturen". Was in Chalkedon nur von Christus ausgesagt wurde, gilt für jeden Menschen und für den ganzen Kosmos. Damals hat man die Einheit der beiden Naturen in einer Person als „hypostatische Union" bezeichnet. Tatsächlich ist das ganze sichtbare und unsichtbare Universum hypostatisch. Wenn man statt Jesus Christus „Kosmos" sagt, dann hat man die gleiche Aussage wie in der Mystik des Ostens und des Westens: Das Eine hat „zwei Naturen". Es sind die beiden Aspekte des Einen. Zen würde formulieren: Leerheit und Form. Der ganze Kosmos hat diese beiden Aspekte. Seine Doppelnatur konstituiert die eine Wirklichkeit. In diesem Sinne ist Jesus Christus für mich Repräsentant der gesamten Schöpfung. Gott selbst ist die „hypo-stasis" – das, was überall darunter liegt. Es ist dieses göttliche Wesen, das die beiden Naturen in sich vereint und durch sie agiert: die göttlich-unendliche und die endliche, sichtbare Natur des Universums. Es ist immer Gott. Geboren wird immer nur er. Thomas von Aquin hat einmal gesagt, dass Gott nicht mit einem Teil seiner selbst gegenwärtig ist, denn in Gott gibt es keine Teile. Er ist mit seiner Wesenheit (Essenz) in allen Dingen. Und so auch in Jesus Christus. In ihm manifestiert sich der göttliche *Logos*: die Zusammengehörigkeit der zwei Naturen der einen Urwirklichkeit. Dafür öffnet er unsere Augen, und darin ist er nicht nur Repräsentant, sondern auch Mittler des Heiles für die Menschen, ja den ganzen Kosmos. Meister Eckehart fragt: „Woher kommt es dann, dass wir Christum erhöhen und als unsern Herrn und unsern Gott verehren? Das kommt daher, weil er ein Bote von Gott zu uns gewesen ist und uns unsere Seligkeit zugetragen hat. Die Seligkeit, die er uns zutrug, die war unser" (Pred. 6).

Inwieweit kann ein derart verstandener Jesus Christus für einen Christen der Bezugspunkt seines Lebens und Glaubens sein?

Jesus Christus ist in diesem Sinne nicht *verstehbar* – jedenfalls nicht rational. Was und wer er ist, kann allenfalls in der mystischen Erfahrung voll erkannt werden. Das habe ich in Japan gesehen. Die Zen-Mönche, mit denen ich damals gelebt habe, sehen in Shakyamuni Buddha eine Gestalt, der alle Ehre gebührt. Aber sie machen ihn nicht zu einem Gott (auch wenn dies in manchen Richtungen des Buddhismus geschehen ist). Sie sehen in ihm einen Führer: ein Vorbild, das ihnen sagt, wohin sie eigentlich gelangen sollen. Er ist für sie ein Wegweiser, der ihnen eine Erkenntnis vermittelt, die sie in der Anlage besitzen, zu der sie sich auch aufschwingen können – und zwar dann, wenn sie die Seins-Erfahrungen machen, die auch er gemacht hat. In diesem Sinne ist Jesus für mich der Bezugspunkt des christlichen Lebens.

Wenn wir Jesus Christus in diesem Sinne als Vorbild verstehen: Welche Bedeutung hat dann noch die Botschaft von seiner Auferstehung?

Die Auferstehung Jesu ist ein Zeichen für unser aller Auferstehung. In ihm erkennen wir, dass wir „Auferstandene vor unserer Geburt" sind, wie es bei Rose Ausländer heißt. Insofern ist Auferstehung die Antwort auf unsere Frage nach unserem eigenen Tod und Leben: Warum bin ich hier? Was ist der Sinn meiner siebzig oder achtzig Lebensjahre inmitten der Ewigkeit des Universums? Diese Frage ist im Buddhismus genauso lebendig. Und welche Lösung hat Shakyamuni gegeben? Er sagt: Alle Wesen haben diese Urnatur, die wir „Gott" nennen, von Anfang an. Alle Wesen sind Ausdrucksformen dieser Urnatur. Und es gilt, diese

Urnatur in uns zu erfahren. Denn diese Urnatur kennt weder Geboren-Werden noch Sterben. Sie offenbart sich als Geboren-Werden und Sterben, aber sie selbst ist weder das eine noch das andere. Sie zu erfahren bedeutet: Auferstehung. Auferstehung ist immer da. Es geht nur darum zu erkennen, dass ich längst auferstanden bin.

Den Satz „Jesus Christus – auferstanden von den Toten" können Sie also unterschreiben?

Selbstverständlich. Jesus ging in eine neue Seinsweise ein. Aber die Gefahr im Christentum liegt immer darin, diesen Satz als eine „historische Wahrheit" gedeutet sehen zu wollen. Dieser Satz enthält eine Heilswahrheit, die Erzählungen von der Auferstehung sind der Ausgangspunkt. Wer die Historie zu sehr in den Vordergrund rückt, vernachlässigt die Heilsgeschichte. Und was ist die heilsgeschichtliche Aussage des Satzes von der Auferstehung Jesu? Sie lautet: Es gibt keinen Tod.

Ist die Auferstehungsgeschichte dann also nur ein Mythos?

Wieso „nur"? Das ist doch das Wunderbare an der Mythologie, dass sie uns viel besser als jede wissenschaftlich-rationale Sprache Heilswahrheiten vermitteln kann.

Wenn die Wahrheit der Auferstehungsgeschichte nicht in erster Linie in ihrem historischen Gehalt, sondern in ihrer Heilsaussage besteht, scheint aber die von der Kirche proklamierte historische Einmaligkeit und universale Gültigkeit des Heilsgeschehens in Jesus Christus relativiert zu sein.

Jede Religion hat das Recht, für sich „Einmaligkeit" zu beanspruchen. Aber „Einmaligkeit" bedeutet nicht „Absolutheit". Es ist nichts dagegen einzuwenden, wenn etwa die Glaubenskongregation darauf besteht, die Einmaligkeit und Einzigartigkeit des Wirkens Christi und der sich daraus ableitenden christlichen Religion zu betonen. Das ist eine Form des Fundamentalismus, der anderen Zweitklassigkeit unterstellt. Vor allem darf man eines nicht übersehen: Die Menschheit entwickelt sich weiter – und mit ihr die Religion. Mit einem Wandel des Weltbildes muss ein Wandel der Religion und unserer Vorstellung von Gott einhergehen. Wir können nicht umhin, Weltbild und Religion zu integrieren. Um eine solche Integration zu ringen, scheint mir eine weit wichtigere Aufgabe zu sein, als sich auf die Bestandssicherung eines alten Lehrgebäudes zu fixieren. Ich vermisse bei unseren Theologen eine Beschäftigung mit der Astrophysik, mit der Genforschung, mit der Molekularbiologie, der Informatik und vor allem mit einer zeitgenössischen Anthropologie. Dieses Universum kam 15 Milliarden Jahre ohne uns aus. Es wird auch eines Tages wieder ohne uns auskommen.

Sie sagen: Wir brauchen einen Wandel des Gottesbildes. Genau diesen zu betreiben, wirft Ihnen die Glaubenskongregation vor. Sie hält Ihnen vor, einen „a-personalen" Gott zu lehren, was dem römischen Katechismus widerspreche. Wie gehen Sie mit diesem Vorwurf um?

Zunächst versuche ich ihn zu verstehen. Ich habe ja nie bestritten, dass ein Mystiker Gott personal erfahren und ansprechen kann. Alle Mystik hat dies getan und tut es noch. Selbst ein Mystiker wie Halladsch, der ausrief „Ich bin Gott", hat sich nicht gescheut, dieses Andere mit „du" anzusprechen. Von seiner Erfahrung her wusste er aber, dass dieses „du" in Wahrheit kein Gegenüber ist, sondern das, was aus ihm und durch ihn lebt – was sich im Menschen inkarniert. In diesem inkarnatorischen Geschehen kann der eine Aspekt (Manifestation der Urwirklichkeit) den anderen (die Urwirklichkeit selbst) mit „du" ansprechen. Wo aber diese beiden Aspekte als das Eine erkannt werden, wo sie als Zusammenfall der Gegensätze – *coincidentia oppositorum*, wie Nikolaus von Kues lehrte – *erfahren* werden, da kann man nicht mehr „du" noch „ich" sagen. Er spricht dann nicht mehr zu Gott, er spricht aus Gott. Er kann gar nicht anders. Da ist die rationale, duale Weltsicht des westlichen Denkens am Ende. Und dementsprechend gibt es dort auch keine Personen mehr, die je für sich bestehende Seiende wären. Sie werden in ihrer umfassenden Einheit erfahren. Rational vorstellen kann man sich das nicht. Aber ich möchte ein Bild gebrauchen. Wir waren alle einmal eine Zelle. Die Zelle hat sich in immer größere Organismen entfaltet, bis hin zum vollen Menschen. Niemand denkt jetzt mehr daran, dass er aus vielen einzelnen Zellen besteht. Er fühlt, denkt und erfährt sich als diese Einheit Mensch. So werden wir nach dem Tod in die größere Einheit „Gott" eingehen. Was soll dann noch die Überbetonung einer menschlichen Personalität? So verstehe ich auch Auferstehung. Wir gehen in eine neue unfassendere Seinsweise ein, wie Jesus in eine neue Seinsweise eingegangen ist. Es wäre ein erbärmlicher Creator, der nicht eine viel umfassendere Erfahrung zu bieten hätte als die personale.

Was meinen Sie eigentlich, wenn sie von der „dualen" Weltsicht des Westens reden?

Im Kern dieser Weltsicht steht die Vorstellung: Gott hier, Schöpfung dort. Der Schöpfung und dem Menschen wird eine ontologisch andere Seinsweise zugedacht. Dieser Dualismus drückt sich am deutlichsten aus in der Lehre von der Schöpfung aus dem Nichts: Gott, der Seiende, erschafft die Welt aus dem Nichts. Statt die geheimnisvolle Identität von „Gott" und „Nichts", wie sie erfahren werden kann, anzuerkennen, wird beides auseinander gesprengt und zueinander in einen unüberbrückbaren Gegensatz gestellt. Da wird der „Zeit" genau wie dem individuellen Ego gleichsam „zu viel Wirklichkeitsgehalt" beigemessen. Dieser Dualismus bestimmt alle Bereiche des westlichen Denkens: Religion, Wissenschaft, Philosophie. Er hat auch in unsere Ethik Einzug gehalten, wie wir am Begriff der Ursünde gesehen haben: Die Schlechtigkeit des Menschen soll die Schöpfung durcheinander gebracht haben, und Gott muss in Jesus Christus das Ganze reparieren. Nur wer rechtschaffen diese Welt besteht, wer „brav" ist, wird einmal in die eigentliche Welt – genannt

Himmel, Ewigkeit, Auferstehung, ewiges Leben – kommen. Wir haben damit das eigentliche Leben in die Zukunft bzw. in eine andere Zeit verlegt. Diese Dualität wird auch in die gängige westliche Beschreibung der mystischen Erfahrung als Liebesakt hineininterpretiert. Aber diese Liebe entsteht nicht. Sie ist immer schon da. Zwei Menschen erfahren sich in der Liebe als das Eine. Liebe ist die Erfahrung, die alle Zweiheit relativiert.

Teresa von Avila stellt das in zwei Beispielen ganz einfach heraus. Sie beschreibt in ihrem Buch die „Innere Burg" zwei Möglichkeiten der Einheit. Die erste Einheit löst sich auf, wenn der Mensch ins Tagesbewusstsein zurückkehrt. Danach gleicht die Vereinigung zwei Wachskerzen, die man so dicht aneinander hält, dass beide Flammen ein einziges Licht bilden; danach aber kann man leicht eine Kerze von der anderen trennen, so dass es wieder zwei Kerzen sind. Die wirkliche Einheit beschreibt sie wie folgt: Es ist, wie wenn Wasser vom Himmel in einen Fluss oder eine Quelle fällt, wo alles nichts als Wasser ist, so dass man weder teilen noch absondern kann. Das Wasser des Flusses und das Wasser vom Himmel kann man nicht mehr trennen. In einem weiteren Vergleich sagt sie dann, es ist, wie wenn ein kleines Rinnsal ins Meer fließt. Es kann nicht mehr geschieden werden. Und in einem dritten Vergleich spricht sie vom Licht, das durch verschiedene Fenster einfällt. Es ist das gleiche Licht, das durch die vielen Fenster fällt.

Müssen wir diese duale und personale Weltsicht nun überwinden oder genügt es, ihre Vorläufigkeit zu durchschauen?

Entscheidend ist das Bewusstsein dafür, dass Form und Leerheit, Welt und Gott, nicht *ontologisch* andere Seinsweisen sind, sondern gemeinsam das Geschehen des einen Seins sind: *coincidentia oppositorum*. Manche Naturwissenschaftler nennen die Materie „geronnener Geist". Das ist ein gutes Bild für dieses Geschehen. Oder nehmen Sie das Gleichnis von Welle und Meer. Die Welle ist eine Ausdrucksform des Ozeans. Natürlich kann sie sich „ich" und das Meer „du" nennen. Natürlich kann sie personal denken. Aber wenn sie erkennt, wer sie ist, dann erkennt sie: Sie ist das Meer, weiter nichts. So erkennt auch der Mensch in der mystischen Erfahrung, dass sein personales Selbstbild eine Illusion ist – ebenso wie sein personales Gottesbild. Aber deswegen wird er niemanden tadeln, der personal von Gott und Mensch redet. Das Konzept „Person" ist eine gewaltige Errungenschaft der Evolution, aber es ist zugleich eine Einschränkung und eine große Täuschung.

„Persona" ist ein lateinisches Wort, das in seinem Ursprung das Gesicht meint, das uns hinter einer Maske begegnet: das, was sich gleichsam maskiert zur Darstellung bringt. Ist Gott nicht in diesem Sinne doch „personal"?

Wenn man „Person" als das umfassende Zusammenspiel von Leerheit und Form versteht: Ja: dann ist das ganze Universum „Person". In diesem Sinne *durchschaut* Gott alles. Er ist in allem und schaut aus allem heraus. Und in allem schaut er sich selbst. Und darum kann Eckehart sagen: „Alle Dinge schmecken nach Gott." Es ist also immer eine „innergöttliche Beziehung". Es ist die Beziehung der Welle zum Ozean. Aus dem Ozean Gott kann nichts herausfallen.

Die christliche Tradition nennt Gott auch „Liebe". Damit gibt sie zwar eine „a-personale" Beschreibung Gottes, die aber doch offenbar die Personalität und Dualität von Liebhaber und Geliebten voraussetzt. Wie deutet die Mystik „Liebe"?

Liebe ist für sie nicht mehr ein „Er liebt mich" oder „Ich liebe dich". Liebe ist Einheit ohne Dualität. Wenn zwei Menschen sich wirklich lieben, dann gibt es einen Augenblick, in dem „ich" und „du" verschwinden – in dem nur die Liebe da ist. Genau dies ist auch die Erkenntnis und Erfahrung der Mystik: Es ist nur Liebe – eine große Einheit und Verbundenheit mit allem, die mich ganz durchglüht und von innen her verwandelt. In dieser Liebe gibt es kein „du". Es gibt nichts, was aus dieser Liebe herausfallen könnte. Alle Zuwendung zum anderen ist eine Zuwendung innerhalb des einen Seins. Wer zurückkehrt aus dieser Erfahrung der Einheit, ist durchdrungen von einer großen Liebe zu allem Geschöpflichen und einer tiefen Verantwortung, die Wesen in diese Erkenntnis zu führen.

Aus allem, was Sie sagen, klingt heraus, dass sie Wert darauf legen, dass alles, was Sie lehren, auf dem Boden der Heiligen Schrift steht.

Für mich als Christ ist die Schrift die Grundlage meiner Lehrtätigkeit. Sie gibt mir das Vokabular, um das auszudrücken, was ich erfahre. Nun ist aber alles in ihr auf verschiedenen Ebenen deutbar: fundamentalistisch, moralisch, psychologisch, spirituell. Mir ist wichtig, dass man sie auf diesen verschiedenen Ebenen deuten darf. Und ich würde mir ausbedingen, dass ich bestimmte Formulierungen in ihr auf spirituelle Weise auslegen darf. Am Ende könnte es sein, dass die Mystik die Rettung der theistischen Theologie ist.

Wäre ein spiritueller Weg, der diese Auslegung betreibt, eine spezifisch christliche Mystik?

Wenn ich meine religiöse Erfahrung im Rückgriff auf das Evangelium und die christliche Tradition formuliere, dann ist dies eine „spezifisch christliche Mystik". Aber: In dem Moment, in dem ich wirklich in der mystischen Erfahrung bin, spielt die Konfession keinerlei Rolle. Ich übersteige alles Begriffliche und Bildhafte, alles Rationale und damit alle Theologie und Religion. Deswegen ist die Mystik im eigentlichen Sinne jenseits aller Konfession. Sie ist deswegen nicht elitär. Sie ist kein Phänomen in einzelnen Menschen. Sie ist vielmehr eine existentielle Grundverfasstheit des Menschen, der auf ganzheitliches Erfahren hin angelegt ist.

Die Mystik wird sich ausbreiten. Das Bewusstsein des Menschen wird sich in der Evolution erweitern. Menschen werden

Erfahrungen machen, ohne sie einer bestimmten Religion zuzuordnen. Und das ist gut so, da Religionen immer auch den spirituellen Weg verbauen können. Das heißt nicht, dass die Religionen schlecht oder überflüssig sind. Für die meisten Menschen sind sie Lebensdeutung und Lebenshilfe. Sie können Wegweiser auf den spirituellen Weg sein. Das sollen und werden sie bleiben. Aber sie sollten bei alledem ein so breites Dach haben, das unter ihm auch die mystische Erfahrung unterkommen darf.

Sie sprechen manchmal von einer konfessionslosen Mystik. Was verstehen Sie darunter?

Es gibt heute viele Menschen – und für die fühle ich mich in besonderer Weise verantwortlich –, die keiner Konfession mehr angehören, aber tief religiös sind und nach einem spirituellen Weg suchen. Es gibt eine so genannte „gottlose" Mystik, das heißt eine Mystik, die sich konfessionell ungebunden weiß. Die wirklich mystische Erfahrung führt in den Raum der Einheit des Seins. In dieser Einheit verlieren alle Bilder und Konzepte von einem Gegenüber ihre Bedeutung. Es verlieren sich daher auch alle Vorstellungen von einem personalen Sein. Es ist einfach nichts mehr da, was man so bezeichnen könnte. Das ist in der Mystik des Westens nicht anders wie in der Mystik des Ostens. Nur durfte der christliche Mystiker das nie sagen, sonst wurde er verurteilt. Das Eine ist non-dual. Mystik sprengt alles Personale. Das ist auch meine Erfahrung und darum fühle ich mich diesen Menschen besonders verbunden.

Anstelle eines Nachwortes:
Willigis Jäger zum 77. Geburtstag

Der 77. Geburtstag von Willigis Jäger fällt in eine bewegte Zeit. Seine Bücher erreichen eine ständig größer werdende Zahl von Menschen. Gleichzeitig formiert sich umgekehrt proportional dazu eine Front, die ihn bezichtigt, die „Gläubigen" in „Verwirrung" zu stürzen und die daher zu deren „Schutz" verfügt hat, dass Willigis Jäger sich sämtlicher öffentlichen Aktivitäten zu enthalten habe. Begründung: Willigis Jäger ordne „die Glaubenswahrheiten persönlichen ‚Erfahrungen' unter" und verfälsche „damit die Bedeutung des verbindlichen Glaubensgutes".

Man bedenke, was hier geschieht: Einem Menschen, der seit nunmehr siebzig Jahren ein von spirituellen Erfahrungen durchdrungenes Leben führt, wird attestiert, dass die wichtigsten Erfahrungen seines Lebens vor den Dogmen seiner Kirche keinen Bestand haben. Einer gelebten Spiritualität, die den gesamten Menschen bis in die Körperzellen hinein durchdringt, weil sie sich aus der Unmittelbarkeit des Erlebens speist, wird weniger Wahrheitsgehalt zugebilligt als den begrifflichen Formulierungen früherer Theologen, die von Zeitgenossen innerhalb und außerhalb der Kirchen allenfalls noch als entseelte Ruinen einer vergessenen Frömmigkeit wahrgenommen werden. Es ist dies der Aufstand des Buchstabens gegen den lebendigen Geist – ein Drama, das wider besseren Wissens immer aufs Neue gegeben wird und dem man am besten die Worte eines Mannes, der unter ihm besonders litt – Gotthold Ephraim Lessing – entgegen hält: *„Nicht die Wahrheit, in deren Besitz irgend ein Mensch ist, oder zu sein vermeinet, sondern die aufrichtige Mühe, die er angewandt hat, hinter die Wahrheit zu kommen, macht den Wert des Menschen."*

Willigis Jäger ist keiner, der für sich den Anspruch erhebt, im Besitz der Wahrheit zu sein. „Suche nach dem Sinn des Lebens" und „Suche nach Wahrheit" lauten die Titel seiner Bücher. Sie verraten die Geisteshaltung ihres Autors, der wohl mit Wahrheit und Sinn in Berührung gekommen ist, sich dabei aber nie über die Vorläufigkeit und Unzulänglichkeit seines Redens über dieselben getäuscht hat. In diesem Sinne ist Willigis mehr ein Philosoph denn ein Theologe – und als eben solchen möchte ich ihn gerade in einer Situation würdigen, in der ihm vorgehalten wird, seine intellektuelle Fähigkeit zur Darstellung von Erfahrungen und Einsichten könne mit seiner pastoral-seelsorgerlichen Gabe nicht mithalten.

Die meisten von uns sehen Willigis in der Tradition der christlichen Mystik oder des Zen. Zweifellos gehört er dorthin, aber es gibt noch andere geistige Ahnen, die herbeizurufen lohnt. Die Rede ist von den Vätern des europäischen Denkens – den Philosophen der griechischen Antike. Ich denke an einen Thales, der einst ausrief „panta plere theon" – Alles ist voller Götter (DK 11 A 21). Oder an den Urheber des ontologischen Denkens, Parmenides, der lehrte, dass das Sein „ungeworden und unzerstörbar sei, dass es einzig und ganz ist, unerschütterlich und nicht weiter zu vervollkommnen – dass es weder war noch einst sein wird, sondern jetzt in seiner Ganzheit präsent ist, als Eines und Umfassendes" (DK 28 B 8). Am meisten freilich erinnert mich eine Szene aus dem Leben des Heraklit von Milet an Willigis Jäger: Einst überraschte dieser einige Fremde, „die ihm ihre Aufwartung machen wollten und stehen blieben, als sie auf ihn zugingen, da sie sahen, dass er sich am Küchenofen wärmte – er bat sie nämlich, ohne Scheu einzutreten, denn auch an diesem Ort seien Götter" – *introite nam et hic dii sunt* (DK 22 A 9). Das ist die klassische Fassung des von Willigis Jäger so gern zitierten Wortes von Josef Beuys: „Das Mysterium findet auf dem Hauptbahnhof statt."

Der Hinweis auf die alten griechischen Philosophen ist lehrreich, weil er zeigt, dass ein Denken, das sich aus den Konventionen einer zu leeren Begriffshülsen erstarrten offiziellen Religion befreit, seine Kraft und Freiheit daraus gewinnt, dass es in einen Bereich vordringt, den wir heute den „transpersonalen

Raum nennen". Schon als vor 2500 Jahren der europäische Geist erwachte, war es die Mystik, die ihn aus der Taufe hob – die erfahrungsgesättigte Einsicht in diejenige Wirklichkeit, die sich in dem, was uns alltäglich umgibt, manifestiert und ausdrückt. Wer einmal mit dieser Wirklichkeit in Berührung gekommen, stellt sein Leben in deren Dienst – er wird zum Liebhaber der Weisheit, zum Philo-Sophos. Ein solcher ist Willigis Jäger – und es ist nicht der geringste Ausweis seiner philosophischen Berufung, dass er nunmehr auch – ein Stück weit – das Schicksal eines der wohl bislang Größten dieser Zunft teilt: des Sokrates.

Lassen Sie uns an diesem Punkt dankbar dafür sein, in einer Zeit zu leben, in der es keine Religionsdelikte mehr gibt, die mit der Todesstrafe bewehrt sind. Im alten Athen war dies anders, so dass Sokrates tatsächlich den Schierling trinken musste, nachdem man ihn für schuldig befunden hatte, der staatlich vorgeschriebenen Theologie nicht zu entsprechen und die Jugend der Stadt in Verwirrung zu stürzen. Doch der inquisitorische Geist derer, die sich „im Besitz der Wahrheit wähnen", hat über die Jahrtausende kaum etwas von seiner Unversöhnlichkeit eingebüßt – zum Leidwesen der Philosophen und Mystiker, das dadurch nicht kleiner wird, dass sie begreifen, warum dies so sein muss.

Das eindrucksvollste Bild, das je von der unausweichlichen Tragik dieses Konfliktes zwischen Philosophie und Dogmatik gezeichnet worden ist, stammt aus der Feder des Sokrates-Schülers Platon. Die meisten von Ihnen werden das Höhlengleichnis kennen: An Beinen und Füßen gefesselt sitzen Menschen in einer Höhle und starren auf die Schatten, die durch ein rückwärtiges Feuer auf die Wand vor ihren Augen geworfen werden. Diese Höhlenmenschen kennen keine andere Wirklichkeit als diejenige der Schatten von Kunstgegenständen, die die realen Gegenstände der Welt außerhalb der Höhle abbilden. Ihr ganzer Eifer richtet sich darauf, diese Schatten recht zu benennen, ihre Reihenfolge zu ermitteln und untereinander auszumachen, wer der Beste in diesen Künsten ist – „ein gar wunderliches Bild und gar wunderliche Gefangene", wie der Gesprächspartner des Sokrates dessen Gleichnis kommentiert. Woraufhin jener entgegnet: „Uns ganz ähnliche."

Tatsächlich entspricht das Höhlenszenario dem alltäglichen Leben, in dem wir Gefangene unsere Illusionen, Wünsche, Projektionen, Eitelkeiten und so weiter sind – ohne alle Kenntnis davon, dass wir uns in einer Schattenwelt bewegen, die nicht einmal von der wahren Lichtquelle – der Sonne – erhellt wird, sondern lediglich von deren schwachem Substitut eines Feuers.

Das Gleichnis erzählt nun weiter von dem Aufstieg eines Gefangenen, der unter größten Schmerzen zunächst ins Feuer zu blicken genötigt wird und dann – nachdem er widerwillig den Schattencharakter seiner bisherigen Welt durchschaut hat – aus der Höhle hinaus in die sonnenbeschienene wahre Wirklichkeit geführt wird. Platon beschreibt diesen Weg als äußerst mühsam – so mühsam, wie ein spiritueller Weg nun einmal ist, wenn er uns aus der für selbstverständlich gehaltenen Weise des Weltgewahrens hinausführt in eine lichte Offenheit, die uns zunächst blendet und ängstigt, dann aber mit der innigen Freude dessen erfüllt, der nach langer Wanderschaft in seine Heimat zurückkehrt. Zuletzt blickt er in die Sonne selbst, ohne diese in ihrer Kontur erkennen zu können, wohl aber in ihrer Funktion als Lebensspenderin und alles durchwaltende, göttliche Quelle des Seins und Werdens. Nie käme der so Erleuchtete auf den Gedanken, die Sonne in die Gestalt einer Person zu zwingen – wie es die Höhlenbewohner täten, deren Wahrheit dem trüben Flackern des Feuers gleicht.

Wen wundert's also, dass demjenigen, der aus dem Freien in die Höhlenwelt zurückkehrt, dort Unverständnis und Hass entgegenbranden: „Und wenn er wieder in der Begutachtung jener Schatten wetteifern sollte mit denen, die immer dort gefangen gewesen, während es ihm noch vor den Augen flimmert [...], würde man ihn nicht auslachen und von ihm sagen, dass er mit verdorbenen Augen von oben zurückgekommen sei und es sich nicht lohne, dass man versuche hinaufzukommen – dass man statt dessen jeden, der sie befreien und hinaufbringen wollte, wenn man seiner nur habhaft werden und ihn umbringen könnte, auch wirklich umbringen müsse?" (Rsp. 516e–517a).

In einem anderen Dialog, dem „Euthyphron", hat Platon ein Szenario geschaffen, das sehr eindrücklich die Begegnung zwischen Sokrates und einem typischen Repräsentanten jener Höhlenbewohner darstellt. Es handelt sich um einen Religionsbeamten namens Euthyphron, der mit Sokrates just in dem Moment zusammentrifft, da Sokrates im Gerichtshaus mit der gegen ihn erhobenen Klage konfrontiert wird, neue – apersonale – Götter zu erfinden beziehungsweise nicht mehr an die alten Figuren der griechischen Mythologie zu glauben. Euthyphron ist seinerseits damit zugange, eine Klage gegen seinen eigenen Vater vorzubringen, da sich dieser seiner Ansicht nach des Totschlags an einem seiner Sklaven schuldig gemacht hat. Sokrates ist ob dieser – nach damaligem Verständnis – pietätlosen Strenge gegen den eigenen Erzeuger verwundert und bekundet auf seine gewohnt ironische Art größte Hochachtung vor der Sicherheit seines Gegenübers in Fragen der Frömmigkeit und Pietät. Den ironischen Unterton überhörend, erklärt der gute Mann daraufhin, in der Tat ein Experte in Religionsfragen zu sein und sich genauestens auf alles zu verstehen, was mit den Göttern und der Frömmigkeit zu tun habe. Nun klatscht Sokrates vor Begeisterung in die Hände und bittet den Euthyphron postwendend darum, bei ihm in die Lehre gehen zu dürfen, um sich mit dessen Fachwissen für die bevorstehende Gerichtsverhandlung zu munitionieren. Euthyphron willigt ein, so dass Sokrates ihm die Frage vorlegt, „worin doch das Fromme und das Gottlose bestehe".

Und nun windet und plagt sich der Experte, bemüht die Götter der Mythologie und doziert über dieselben, wie ein Kaufmann über seine Geschäftspartner reden würde. Kurz: Er bewegt sich mit Virtuosität in den Dogmen und Mythen seiner Zeit und bringt diese so zur Anwendung, wie es seiner Sache gerade dienlich zu sein scheint. Natürlich verstrickt er sich dabei in Widersprüche, und es dauert nicht lange, da strauchelt er und weiß sich nur noch auf seine brüchig gewordene Autorität zu stützen, um seine leeren Formeln durchzufechten. Sokrates hört derweil interessiert zu, fragt, bekundet sein Unwissen in den fraglichen Punkten und insistiert darauf, die Antworten des Euthyphron prüfen zu müssen: „Wollen wir nicht wieder dieses in Betrachtung ziehen, ob es gut gesagt ist, Euthyphron? Oder es lassen und so leicht mit uns selbst und anderen zufrieden sein, dass, wenn nur jemand behauptet, etwas verhalte sich so, wir es gleich einräumen und annehmen? Oder muss man erst erwägen, was der wohl sagt, der etwas sagt?" (Euphr. 9e).

Das Faszinierende an Platons Dialog liegt nun darin, dass sich genau in diesen Worten das Sokratische Gegenmodell zur Religiosität des Euthyphron ankündigt. Während der Sachwalter der etablierten Religion auf die grundsätzliche Frage nach dem Wesen des Göttlichen nur mit Zitaten aus einer kraftlos gewordenen Mythologie zu antworten weiß, äußert sich die Frömmigkeit eines Sokrates gerade in der rastlosen Dynamik des Fragens und Suchens. „Sokrates' Frömmigkeit der Unwissenheit" (Hans Georg Gadamer) speist sich aus dem Wissen um die Unzulänglichkeit jeder dogmatischen Fixierung religiöser Erfahrung. Denn sie weiß um die Unsagbarkeit der göttlichen Wirklichkeit, die am eigenen Leibe erlebt und erlitten sein will. So ist es der große Dienst des Sokrates an den Menschen seiner Zeit, sie aus ihrer religiösen Selbstgewissheit zu reißen, um sie so allererst vorzubereiten auf den langen und steinigen Weg aus der Enge unserer mentalen Bequemlichkeit in die lichte Offenheit des transpersonalen, göttlichen Raums.

So gesehen ist Sokrates der Schutzpatron nicht nur der Philosophen (so sie denn ihren Namen verdienen), sondern auch der Mystiker. Folglich nimmt es auch nicht Wunder, dass diese, wie er, zu allen Zeiten den Zorn der religiösen Traditionswächter auf sich gezogen haben. Ob nun Sokrates, Meister Eckehart, Giordano Bruno oder Margarete Porète – stets gerieten Mystiker und Mystikerinnen mit den Religionsbeamten ihrer Zeit in Konflikt; denn stets erinnerten sie an den wahren Bewohner jener Kathedralen, in deren Ruinen die Tempelbeamten und Kirchenmänner es sich bequem zu machen pflegen. Sie künden vom Leben, wo es doch angenehmer wäre, sich in den Hinterlassenschaften eines früheren Lebens einzurichten. Die Unbequemlichkeit der spirituellen Erfahrung ängstigt und weckt Aggressionen. Denn es ist bequemer, sich im Besitz der Wahrheit zu wähnen, als unermüdlich um sie zu ringen.

Deswegen sind die philosophischen Mystiker und mystischen Philosophen immer ein Stein des Anstoßes gewesen – und deswegen gehört zu ihrem spirituellen Weg unweigerlich der Kampf. Mit einer an Platon erinnernden Metapher des brasilianischen Dichters Paolo Coelho könnte man sie die „Krieger des Lichts" nennen. Und so möchte ich mit einem kurzen Abschnitt aus eben dem Buch Coelhos schließen, das diesen „Kriegern des Lichts" gewidmet ist:

„Ein Krieger des Lichts erkennt, wenn sein Feind stärker ist als er. Beschließt er, sich ihm zu stellen, wird er umgehend vernichtet. Lässt er sich auf dessen Provokationen ein, wird er in die Falle gehen. Er wird dann Diplomatie walten lassen, um die schwierige Lage zu meistern, in der er sich befindet. Wenn der Gegner wie ein kleines Kind handelt, tut er es auch. Wenn er ihn zum Kampf ruft, tut er so, als hätte er ihn nicht gehört. Die Freunde meinen dazu: ‚Er ist ein Feigling.' Aber der Krieger schert sich nicht um ihre Kommentare. Er weiß, dass alle Wut und aller Mut eines Vogels gegen eine Katze nichts vermögen. In Lagen wie dieser hat der Krieger Geduld. Der Feind wird bald aufbrechen, um andere herauszufordern" (Handbuch des Kriegers des Lichts, S. 53).

Christoph Quarch, März 2002

Spiritualität

Willigis Jäger
Kontemplation
Gott begegnen – heute
Band 5278
Schritt für Schritt zeigt der Autor den Weg auf, der darin besteht, loszulassen und sich einzulassen auf Erfahrungen des Göttlichen.

Willigis Jäger
Die Welle ist das Meer
Mystische Spiritualität
Hg. von Christoph Quarch
Band 5046
Mystik, was ist das – ganz praktisch? Eine Sicht, die enge Grenzen sprengt und den tiefen Reichtum auch anderer religiöser Kulturen erschließt.

Willigis Jäger
Wiederkehr der Mystik
Das Ewige im Jetzt erfahren
Band 5399
Der Benediktinermönch und Zenmeister antwortet auf drängende Fragen heutiger Sinnsuchender.

Anselm Grün
Herzensruhe
Im Einklang mit sich selber sein
Band 4925
Leistung und äußerlicher Wohlstand allein können nicht bringen, wonach sich Menschen wirklich sehnen: innere Ruhe und Seelenfrieden. Der moderne Seelenführer zu einem tieferen Leben.

Anselm Grün
Jeder Mensch hat einen Engel
Band 4885
Jeder Mensch braucht im Haus seiner Seele besondere Räume des Schutzes, des schöpferischen Versunkenseins. Ein spirituelles und anregendes Buch.

HERDER spektrum

Anselm Grün
Mystik
Den inneren Raum entdecken
Band 6060
Die Suche nach dem inneren Raum, in dem Gott erfahrbar wird, die Sehnsucht nach der Entgrenzung machen die Faszination der Mystik aus. Eine praktische Anleitung von Anselm Grün.

Anselm Grün
Vergiss das Beste nicht
Inspiration für jeden Tag
Band 5907
365 Anregungen für das ganze Jahr – ein inspirierender Alltagsbegleiter eines bedeutenden spirituellen Meisters.

Ayya Khema
Was du suchst, ist in deinem Herzen
Der Weg zur inneren Klarheit
Hg. von Angela Krumpen
Band 5129
Aus einem aufregenden Leben kam Ayya Khema zur Erkenntnis: „Alles hat seinen Anfang in unserem Herzen." Meditationen und Einsichten.

Jiddu Krishnamurti
Das Wesentliche ist einfach
Antworten auf Fragen des Lebens
Band 5598
Wie finde ich das Glück? Überraschende Einsichten und überzeugende Orientierung. Der Klassiker.

Silvia Ostertag
Erleuchtung und Alltag
Erfahrungen einer Zen-Meisterin.
Band 5897
Eine bekannte Zen-Meisterin stellt sich den Fragen eines Übenden und gibt lebensnah und authentisch Antworten für alle, die sich auf den inneren Weg begeben haben.

HERDER spektrum

Raimon Panikkar
Das Göttliche in allem
Der Kern spiritueller Erfahrung
Band 4971
Der Autor stellt die Frage nach dem Mysterium der Gotteserfahrung in den Mittelpunkt: Die Zusammenschau seiner tiefsten Gedanken. Die Summe eines Meisters und die Basis für ein neues Reden über Spiritualität.

Raimon Panikkar
Einführung in die Weisheit
Band 5256
Wenn wir offen für die mythischen und mystischen Urerfahrungen sind, können wir unserem Leben spirituelle Tiefe geben.

Dorothee Sölle
Den Rhythmus des Lebens spüren
Inspirierter Alltag
Hg. von Bettina Hertel
Band 5413
Dorothee Sölle geht es um glaubwürdige Antworten auf Sinnfragen der Existenz – auch im Alltag unseres Lebens. Eindringlich, unerschrocken, bewegend.

David Steindl-Rast
Fülle und Nichts
Von innen her zum Leben erwachen
Band 5653
Der inspirierende Klassiker des weltbekannten Autors. Über Liebe, Hoffnung, Vertrauen, Dankbarkeit, Muße und Kontemplation.

Gisela Zuniga
Alles ist da – Mystik im Alltag
Band 5969
Eine erfahrene Meditationslehrerin, Meisterschülerin von Willigis Jäger, macht sich mit dem Leser auf die Spur seiner tiefsten Sehnsucht. Eine Inspiration für jeden Tag.

HERDER spektrum